# 倾听胜于言谈

石 磊 ◎ 编著

民主与建设出版社
·北京·

© 民主与建设出版社，2023

**图书在版编目（CIP）数据**

倾听胜于言谈 / 石磊编著 . -- 北京 : 民主与建设出版社, 2023.8
ISBN 978-7-5139-4267-6

Ⅰ.①倾… Ⅱ.①石… Ⅲ.①心理交往—通俗读物 Ⅳ.① C912.1-49

中国国家版本馆 CIP 数据核字（2023）第 112946 号

## 倾 听 胜 于 言 谈
QINGTING SHENGYU YANTAN

| 编　　著 | 石　磊 |
|---|---|
| 责任编辑 | 王　颂 |
| 封面设计 | 于　芳 |
| 出版发行 | 民主与建设出版社有限责任公司 |
| 电　　话 | （010）59417747　59419778 |
| 社　　址 | 北京市海淀区西三环中路 10 号望海楼 E 座 7 层 |
| 邮　　编 | 100142 |
| 印　　刷 | 三河市新科印务有限公司 |
| 版　　次 | 2023 年 8 月第 1 版 |
| 印　　次 | 2023 年 8 月第 1 次印刷 |
| 开　　本 | 710mm×1000mm　1/16 |
| 印　　张 | 11 |
| 字　　数 | 130 千字 |
| 书　　号 | ISBN 978-7-5139-4267-6 |
| 定　　价 | 48.00 元 |

注：如有印装质量问题，请与出版社联系。

# 前言

我们不能忽视说话的重要性。话语是破解陌生、交朋处友最重要的工具，因此，我们要学着会说话、说漂亮话。沟通必然是从心与心的对话开始的，而心与心的对话又是从真诚的倾听开始的。

一个人有了两只健全的耳朵，并不能说明你就懂得了倾听，因为倾听是各种要素的综合体。我们不仅要学会倾听、善于倾听，还要通过倾听获取有效信息，从而应用倾听指导我们的生活。

真正的沟通是心灵的沟通，因此我们在倾听时一定要用自己的心去倾听，只有你先敞开心扉，才能让他人敞开心扉，从而建立起心灵沟通的桥梁，才能实现真正意义上的沟通。

多一份倾听的耐心，给人一个表达的机会。不要习惯性地用自己的权威去打断别人的话语，不要盲目地把自己的意思投射到别人所说的话上，或许你会发现事情与你想象的截然不同。

每个人都必须学会倾听。学会倾听是你人生的必修课；学会倾听你才能去伪存真；学会倾听你能给人留下虚怀若谷的印象；学会倾听，有益的知识将盛满你的智慧储藏室。

本书以"精通倾听，懂得表达"为主线，介绍了倾听中的各种方法、技巧以及需要注意的问题，为沟通迷茫的人解除疑惑，帮助你成为一个懂得倾听的沟通专家。

编 者

# 目录

## 第一章 倾听比说话更重要 …………………………………………… 1

会倾听比言表更难得 ………………………………………………… 1

听出他人内心的秘密 ………………………………………………… 4

倾听不能止步于表面 ………………………………………………… 7

多看多听少开口 ……………………………………………………… 9

说得巧妙，听得聪明 ………………………………………………… 12

## 第二章 倾听是智慧的体现 …………………………………………… 16

倾听是修养的体现 …………………………………………………… 16

善于倾听的优势 ……………………………………………………… 17

提高倾听的素养和能力 ……………………………………………… 19

倾听能促进有效的沟通 ……………………………………………… 24

善于倾听的人会说话 ………………………………………………… 26

智者才懂得倾听 ……………………………………………………… 28

## 第三章 光用耳朵还远远不够 ………………………………………… 30

透过说谎看清内心 …………………………………………………… 30

倾听并不是静听 …………………………………………………… 32
说话语气能透视人的心理 ………………………………………… 33
行动胜于语言 ……………………………………………………… 36
做一个信息的富翁 ………………………………………………… 38

## 第四章　倾听会有意外的收获 …………………………………… 41

倾听会有意想不到的收获 ………………………………………… 41
倾听可以带来收益 ………………………………………………… 43
会倾听离成功更近 ………………………………………………… 46
倾听能让你赢得谈判 ……………………………………………… 47
倾听会让你受益匪浅 ……………………………………………… 48
倾听有助于问题的解决 …………………………………………… 51

## 第五章　倾听是为了更好地沟通 ………………………………… 55

聆听是一门学问 …………………………………………………… 55
倾听是解决冲突的最好方法 ……………………………………… 57
说得越多越容易出错 ……………………………………………… 58
倾听能使感情融洽 ………………………………………………… 61
在倾听中多肯定他人 ……………………………………………… 62

## 第六章　倾听是建立人际关系的基石 …………………………… 65

倾听来自低层的意见 ……………………………………………… 65
善于倾听有助于广交朋友 ………………………………………… 68
做一个受人欢迎的听众 …………………………………………… 70
倾听是最精明的投资 ……………………………………………… 73

做好配角，满足他人 ………………………………… 75

永远不要泄露秘密 …………………………………… 77

## 第七章 倾听也要讲技巧 …………………………… 80

倾听不是简单地听 …………………………………… 80

掌握倾听的技巧 ……………………………………… 82

注意回应的方式 ……………………………………… 84

主动倾听的技巧 ……………………………………… 85

## 第八章 倾听的核心是忘却自己 …………………… 91

用心去倾听 …………………………………………… 91

用情去倾听 …………………………………………… 94

倾听要考虑场合 ……………………………………… 97

排除影响倾听的因素 ………………………………… 100

增强倾听效果有方法 ………………………………… 102

提升自我倾听的技能 ………………………………… 105

## 第九章 跟孩子沟通从倾听开始 …………………… 109

倾听孩子的心声 ……………………………………… 109

要善于倾听孩子说的话 ……………………………… 114

用倾听来改善亲子关系 ……………………………… 116

成为孩子积极的倾听者 ……………………………… 119

弯下腰来认真倾听孩子的想法 ……………………… 122

倾听是对学生的尊重 ………………………………… 124

## 第十章　会倾听才是好的领导 …………………………………… 128

做一名善于倾听者 ……………………………………………… 128

做一名善于兼听者 ……………………………………………… 132

不被喝彩声所迷惑 ……………………………………………… 136

管理者应该是一个好的倾听者 ………………………………… 142

要善于倾听下属的抱怨 ………………………………………… 144

## 第十一章　表现比表达更重要 …………………………………… 150

改善自我的表达方式 …………………………………………… 150

根据对象选择表达方式 ………………………………………… 153

理解是表达的前提 ……………………………………………… 156

改掉表达的缺陷 ………………………………………………… 158

学会关注听者的表情 …………………………………………… 162

聆听别人更要理解别人 ………………………………………… 165

# 第一章　倾听比说话更重要

## 会倾听比言表更难得

要想营造和谐的人际关系，必须懂得耐心地倾听，倾听有时比说话更重要。

能成大事的人最重要的特质之一，就是在人际交往中善于倾听别人的谈话，他们知道，为了使自己所说的话受人重视又不惹人讨厌，唯一的办法就是在别人说话时少说话，安静、耐心地倾听。

让我们听听世界上最伟大的推销员乔·吉拉德的故事，或许我们可以从中得到一些启示。

几年前，乔的车行来了一位想买车的人，当时那位顾客花了近半小时才下定决心买车。乔所做的一切只不过是为了让他走进自己的办公室，签下一纸合约。

当他们向乔的办公室走去时，那人开始向乔提起他的儿子，说他儿子就要考进一所有名的大学。他十分自豪地说："乔，我儿子要当医生了。"

"那太棒了！"乔说。

"乔，我孩子很聪明吧？"他继续说，"在他还是婴儿时我就发现他相当聪明。"

"成绩非常不错吧？"乔说，仍然望着门外的人。

"在他们班最棒。"那人又说。

"那他高中毕业后打算做什么？"乔问道。

"我告诉过你的，乔，他在最好的大学学医。"

"那太好了。"乔说。

突然，那人看着他，意识到乔完全忽视了他所讲的话。

"嗯，乔，"他蓦地说了一句，"我该走了。"就这样他转身走了。

下班后，乔回到家回想一整天的工作，分析他所做成的和失去的交易，又开始重新考虑白天见到的那位顾客。

第二天上午，乔给那人的办公室打电话说："我是乔·吉拉德，我希望您能来一趟，我想我有一辆好车可以推荐给您。"

"哦，世界上最伟大的推销员先生，"他说，"我想让你知道的是我已经从别人那儿买了车。"

"是吗？"乔说。

"是的，我从那个欣赏我、赞美我的人那里买的。当我提起我为我的儿子吉米感到骄傲时，他是那么认真地倾听。"

随后他沉默了一会儿，又说："乔，你并没有听我说话，对你来说我儿子吉米成不成为医生并不重要。好，现在让我告诉你，当别人跟你讲他的喜恶时，你得听着，而且必须全神贯注地听。"乔此时才意识到自己犯了个多么大的错误。

从那以后，每个进入店内的顾客，乔都要问问他们是做什么的，家里人怎么样，等等。然后乔再认真地聆听他们讲的每一句话。大家都喜欢这样，因为那给他们带去一种被重视的感觉，而且让他们感觉到你是十分关心他们的。

想成大事的人，必须懂得耐心地倾听有时比说话还重要。在交谈中做一个耐心的倾听者，必须注意的是：

（1）对讲话的人表示称赞。这样做能营造良好的交往气氛。对方听到你的称赞越多，他就越能充分而准确地表达自己的思想。相反，如果你在听话中流露出半点消极态度，就会引起他的戒备，对你产生不信任感。

（2）全身心地投入。面向说话者，同他保持目光上的亲密接触，同时配合一定的姿势和手势。让对方感受到你是一位愿意倾听、反应灵活的人。

（3）以相应的行动回应对方的问题。对方和你交谈的目的，是想得到某种信息，或者想让你做某件事情，或者想灌输给你某种观点……这时，你采取适当的行动就是给对方最好的回答。

（4）向对方提出问题。作为一个倾听者，不管在什么情况下，如果倾听过程中，你不明白对方说出的话是什么意思，你就应该用适当的方式使他知道这一点。比如，你可以向他提出问题，或者积极地表达出你听到了什么，以便让对方纠正你听错的地方。

（5）要观察对方的表情。交谈大多时候是通过非语言方式进行的，那么，就要求你不仅听对方的语言，而且要注意对方的表情，比如看对方如何同你保持目光接触、说话的语气及音调、语速等，同时还要注意从中发现对方的言外之意。

在倾听对方说话的同时,别提太多的问题。问题提得太多,容易致使对方思维混乱,难以集中精力。其实,用心倾听有时比你跟别人认真交谈重要得多,也有效得多。

## 听出他人内心的秘密

在谈话中,或许大多时候,人们不会非常直接地谈论自己、袒露自己的心声,但随着谈话的进行,谈话者会在不知不觉之中说出内心的秘密。在这个过程中,倾听者要注意谈论内容是什么、谈论者的神态和动作怎样,细心一点,一定会收获一些有益的东西。

如果一个人不经常谈论自己,包括曾有的经历,自我的性格,对外界一些事物的看法、态度和意见等,则表明这个人的性格比较内向,感情色彩不鲜明也不强烈,主观意识比较淡薄,不太爱表现和公开自己,比较保守,多少有自卑心理,另外,这种人可能有很深的城府。

与之相反,一个人如果常常谈论自己,包括经历、个性以及对外界一些事物的看法、态度和意见等,一般来说,这样的人比较外向,感情色彩鲜明而且强烈,主观意识较浓厚,爱表现和公开自己,多少有点虚荣心。

如果一个人在叙述某一件事情的时候,只是单纯地在叙述,不加入过多的自我感情色彩,而是将自己置于事外,则表明这个人比较客观、理智,性格比较沉稳,不会有过激行为。相反,一个人在叙述某一件事的时候,自我感情非常丰富,特别注意个别细节,则说明这个人感情比较细腻。

倘若一个人的谈话属于概括型的,非常简单,但又准确到位,注重结果而不太关心某个细节，平时关心的也是宏观问题，则显示出这个人具有一定的管理和领导才能，独立性较强。

假如一个人在说话时习惯于进行因果和逻辑关系的推理，给予一定的判断和评价，说明这个人有很强的逻辑思维能力，比较客观和注重实际，自信心和主观意识比较强，常会将自己的思想观点强加于他人身上。

一个人如果喜欢畅想将来，则表明他是一个爱幻想的人，这种人有的能将幻想付诸行动，有的却不能。前者注重计划和发展，实实在在地去做，很可能会取得一番成就。但后者只是停留在口头说说而已，最终多会一事无成。

一个人谈论的内容多倾向于生活中的琐事，表明他是属于安乐型的人，注重享受生活的舒适和安逸。在谈话时，如果他比较注重自然现象，那么这个人的生活一定很有规律，为人处世也非常小心和谨慎。

如果一个人在谈话时非常注重过程中的某个具体细节问题，对局部的关心要多于对整体的关注，则表明这个人适合于从事某项比较具体的工作。这一类型的人支配他人的欲望不是特别强烈，可能会顺从于他的领导。

如果一个人无论谈论什么话题，都会不自觉地将金钱扯入其中。比如："这套房子真豪华，花了不少钱吧！"或者"是吗？那你想它大概值多少钱？"这种类型的人，往往缺乏梦想，而这个缺乏梦想的缺点，很有可能会成为其性格上的致命伤。因为太过于现实，这种人只知道赚大钱是自己人生唯一的目标，因此，对于别人会有何种想法，往往漠不关心。

这种超级现实主义的人，其内心也隐隐潜伏着不安全感。在他们的观念中"金钱便是全世界"，反过来说，"若没有金钱，便无法生存下去"。因此，只要他们一没有钱，就会感到十分惶恐与不安，而且自己会有一种被抛弃的感觉。

由此可知，眼中只看得到金钱的人，内心其实是十分缺乏安全感的。受到不安全感的驱使，即使累积再多的财富，他还是不能满足，所以这种人同时也是快乐不起来的人。

一个人如果经常谈论国家大事，表明他的视野和目光比较开阔，而不是局限在某一个小圈子里。

经常谈论各种现象和人际关系的人，可能自己在这一方面颇有心得。

不愿意对人指手画脚、进行评论的人，偶尔在不得已的时候发表自己的看法，当面与背后的言辞也多会基本保持一致，说明这个人是非常正直和真诚的。

对他人的评价当面一套，背地一套，当面奉承表扬，背后谩骂、诋毁，表明这个人是极度虚伪的。

有些人不断指责他人的缺点和过失，目的是通过对比来证明和表现自己。

有些人在谈话中总是把话题扯得很远，或者不断地转换话题，表明他的思想不够集中，而且对人缺少必要的宽容、尊重、体谅和忍耐。

有些人常常忽视别人的谈话，而喜欢扯出与主题毫不相干的话题，这种人有极强的支配欲与自我表现欲。

有些人不愿抛出自己的话题，反而努力讨论对方的话题，这种人怀有宽容的精神，而且颇能为对方着想，不失为坦荡荡真君子。

每个人都有着不同的气质，其性情也不一样，表现在言谈中也就差异很大，可以说，一个人的说话方式往往隐含着他的习性。

## 倾听不能止步于表面

国际倾听协会对倾听进行了这样定义：倾听是接收口头和非语言信息、确定其含义和对此作出反应的过程。第一个关于倾听的研究，是1926年保罗·伦根做的。他发现，人们在每10分钟里有7分钟用于听，即70%的清醒时间用于倾听他人。此后在对蓝领和白领员工、售货员、家庭主妇、大学生和其他一些人所进行的研究中，该数据达到50%~80%。虽然人们把许多时间用于倾听，但大多数人的倾听效果并不理想。一般人仅能听懂对方所说的一半，而记住的往往更少。

在生活中，"倾听"往往被当作"听见"，这是一种误解，会导致"有效的倾听是一种与生俱来的本能"的错误看法。一般人通常认为，听是人体感觉器官接收到的声音，换句话说，听是人的感觉器官对声音的生理反应。只要耳朵听到别人谈话，我们就在听别人。

倾听与听不同，它包括用耳听，用眼观察，用嘴提问，用脑思考和用心灵感受。因此，倾听虽然以听到声音为前提，但更重要的是我们对声音必须有所反应。倾听必须是人主动参与的过程，在这个过程中，人必须思考、接收、理解，并作出必要的反馈。同时，倾听的对象不仅仅局限于声音，还包含理解别人的语言、手势和面部表情等，从这方面来说，我们在倾听对方说话时，视觉接收到的信息也属于倾听内容。事实上，我们所说的往往由我们的谈话方式而赋予特殊的意义，仅听到词语往往很难断定讲话人的真实思想。例如，听见一位女孩向你说"讨厌"，如果她神色娇羞，那你一定会欣喜若狂；如果她横眉冷目，那你最好还是躲开。

听与倾听的主要差别：

听是用耳朵接收各种听得见的声音；而倾听则是调动全身的感觉器官获取信息，包括耳、眼等。

听是只有声音，没有信息；而倾听是不仅获得信息，而且了解情感。

听是与生俱来的本能；而倾听则需要技巧和训练。

听从某种角度来说是被动的；而倾听则需要主动地去获取信息。

在沟通活动中，我们的倾听包含了几个具体过程：

①感知。对方发出声音，传到我们耳朵中，但听觉器官往往并非接收信息的唯一生理器官。我们的语言信息来自听觉，但倾听效果却是各种因素的综合。

②选择。并不是任何信息都为我们所接受，我们总是对一部分信息表示特别的关注。

③组织。我们把杂乱无章的信息分门别类，集中储藏起来，为下一步服务。

④解释或理解。在此环节中，我们搜寻已知信息，调动大脑储存的知识和经验，通过判断、推理获得正确的解释或理解。

在现实生活中，他人的倾听对任何人来说都很重要。

在美国南北战争形势最错综复杂的时期，林肯写信邀请一位远在千里之外的老朋友来白宫，说有重要事情要和他讨论。这位老朋友千里迢迢来到白宫，一见面林肯便开始分析若干重大决策可行和不可行的理由，甚至提到发表《解放黑人奴隶宣言》的可行性。林肯一直滔滔不绝，使这位老朋友连插话的机会都没有。数小时后林肯与这位老朋友握手道别，仍没有问他的看法。

后来，林肯在回忆录中说，当时他自己的心理压力极大，非常想找一个能够让他尽情吐露心声的人，他并不需要任何忠告，所需要的只是一个友善、耐心，并且能够保守秘密的倾听者。在林肯的印象中，这位老朋友是最佳人选，于是林肯便把他请了来。一番倾诉以后，林肯的心境平稳多了。

倾听之道在于专注。很多时候，倾诉者并不需要倾听者的建议，倾诉者自己常常有了不止一个很好的解决方案，倾听者存在的全部意义就在于倾听倾诉者的心声。通过倾听，你要看到人们的内心深处，而不仅仅是他们的外表。

## 多看多听少开口

对一个想在社会上有所作为的人来说，最重要的处世经验是：多看多听少开口。那么，多看，看什么？多听，听什么呢？

假如你想在某个领域有所成就，就得把自己的精气神全部融入其中，弄清各种人和事的现存状态与变化规律，久而久之，你看待事物的眼光就会与别人大不一样了，达到神知神觉的境界，这样，你便能随时发现有利于事业成长的机会。

比如，你想成为一名作家，那么，你看见每一个人、每一件事，都不妨构思一番，如何把他们写到作品里去。这样，你就有了绵绵不绝的灵感。与此同时，你的社交圈也围绕着文化人拓展，以了解文坛的最新动向，这样可确保你的作品始终有新意。

假如你想做生意人，方法也是一样的，思考每个人、每件事跟自己的生意有什么关系，并以生意人作为主要交往对象。久而久之，你将发现赚钱的机会无处不在。

一个人的经历有限，见识也有限。如果有一双谦逊的耳朵，愿意听听别人的见解，那么，你就能将别人的见识变成自己的见识。

其实，不论他人地位高低，知识深浅，但他的专业经验，总有一部分可供你去学习。向甲学一点，向乙学一点，把别人片段零星的经验、知识渐渐组织起来，连贯起来，就能形成一套独特的秘籍，并助你打下一片属于你自己的天地。所以孔子感慨地说："三人行，必有我师焉！"

为什么少开口呢？有两个理由：

第一个理由是，当你急于开口时，就没有心情去多看多听了。

第二个理由是，一个人说得越多，他的浅薄无知就暴露得越多，他就很难得到别人的信任和重视了。

俗话说："爱叫的麻雀不长肉。"在人群中，一个特别爱说话的人，最不可能受到重用，很难有什么出息。

一个人特别爱说话，说明他自控能力不强，易冲动。试想，连自己的嘴巴都管不住，又能管好什么事？

一个人整天叽叽喳喳的，说来说去，无非东家长西家短，拿别人的隐私、缺点当佐料，煲成一锅大杂烩。对这样的人，谁敢跟他交心交底呢？

漂亮时装能包装外部形象，真知灼见能包装内在思想。可是，一个爱说话的人，有什么说什么，时间久了必然将自己的优点、缺点全部暴露于人前。

一个特别爱说话的人，总是不假思索地对任何事发表见解，好的意见与错误观点混杂，泥沙俱下，让人难取难舍，只好当废话听。久而久之，人们必然认为这个人没有见识，只会乱说一通。这种人很容易被不怀好意的人利用，靠他们传播小道消息。

总之，话多不如话少，话少不如话好，多言不如多知，即使千言万语，也不及一件事实留下的印象深刻。多言是虚浮的象征，因为口头慷慨的人，行动一定吝啬。凡有道德者，不可多言；有信义者，必不多言；有才谋者，不必多言；我们绝对要少说话，因为如果说多了，便同时也透露了自己的弱点。

有人说：沉默是金。沉默本身不是金，只是一个炼金的过程。而谨慎发言，给人捧出来的总是金子，也会被人认为是一个极有价值的人，因而受到重视和信任。

人在复杂的社会中，只能少说却不能完全不说。在任何地方和场合，缄默是值得提倡的。若是到了非说不可时，那么你所说的内容，你的措辞、声音和手势，都应加以注意。在什么场合，应该说什么，怎样说，都值得研究。

另外，无论是探讨学问、接洽生意、交际应酬或娱乐消遣时，从我们口里说出的话，一定要有重点，要具体、生动，不鸣则已，一鸣惊人。要知道，要使你的话令人重视，唯一的秘诀是少说话。少说话的人就能静静思索，这样说出来的话往往更为精彩。

## 说得巧妙，听得聪明

说话交流有一种情况非常令人尴尬，那就是说者有心，听者却无意。任你费尽心机，磨破口舌，对方总是不明白你真正的意思，结果是听者着急，说者更着急，极度尴尬。当然了，我们这里所说的"意"，指的是言外之意。

毫无疑问，我们是需要言外之意的。毕竟在很多时候，我们说话不能太直接、太明了。比方说，批评人，你不能伤了人的自尊；给领导提建议，你不能让人觉得你比领导都有能力；面对别人的提问，你有难言之隐，你不能说但也得让人有个台阶下；事情紧急，但涉及商业机密，只有你的亲信才能明白的暗语是最好的选择……

当然，要能听得懂言外之意，你自己必须首先是一个能够熟练而巧妙地运用言外之意的人。

有一次，齐威王决定派能言善辩的淳于髡去赵国搬兵。他让淳于髡驾上马车10辆，装上黄金100两。淳于髡见了放声大笑，连系帽子的带子都笑断了。

齐威王就问："先生是嫌这些东西少吗？"

淳于髡说："我怎么敢嫌少呢？"

齐威王又问："那你刚才笑什么呀？"

淳于髡说："大王息怒，今天我从东面来时，看见有个农民在田里求田神赐给他一个丰收年，他拿着一只猪蹄和一坛子酒，祈祷说：'田神啊田神，请你保佑我五谷成熟，米粮满仓吧！'他的祭品那么少，而想得到的却是那么多。我刚才想到了他，所以禁不住想笑。"

齐威王领悟了他的隐语，马上给他黄金1000两，马车100辆，白璧10对。淳于髡于是出使赵国，搬来了10万精兵。

淳于髡运用言外之意的本领确实很高明。但我们也可以想到，如果齐威王听不明白的话，淳于髡的苦心不仅白费了，而且有可能落下个对君王不敬的罪名。但反过来，如果淳于髡不是一个善于运用"言外之意"的高手，恐怕再给他几个脑袋，他也不敢说出这样的话来。

"说者有心，听者无意"是一种尴尬，"说得巧妙，听得聪明"是一种艺术，其间的高下判若云泥，看你怎么理解，怎么把握。当然了，首要的一点，是你千万不能小看了它。

正如彼得·德鲁克所说，沟通中最重要的是能听出没有说出的信息。因此，听话者要能听出字里行间的意思，也就是说，听话者要对说话者的感觉产生反应，而不是对其话语本身。

以下几种方法可以帮我们有效地听出别人的言外之意。

1. 了解意图

了解意图就是听出说话者的意图、期望、愿望、设想、观点、价值观等。你并不需要同意或接受这些，而是要尽力去理解它。

例如，一位年轻人在非正式的场合向上司说起工作量大、任务重，平时加班也干不完。这位上司误以为部下在叫苦，于是说了一大通要吃苦耐劳，要无私奉献的套话，还引用20世纪50年代的人们如何艰苦奋斗的"故事"，结果那位部下气得七窍生烟，当即愤然离去。

其实这位部下只是顺便反映一下情况，让领导知道他工作辛苦，希望领导肯定和承认他在工作中的地位和作用。如果那位上司能体察其意，说些得体的安慰话，表示一下作为领导者对部下辛苦工作的关心和肯定，那位部下不但不会愤然离去，而且有可能更加卖力地工作。由此可见，了解说话者的意图是何等重要。

2. 揣摩语言

同样的话对于不同的人来说有不同的含义，要尽力揣摩这些话的隐含意义。在这个瞬息多变的世界里，同一词语在48岁的父母和16岁的儿子眼里是有区别，在50岁的老师和11岁的学生眼中同样有差异。如果沟通双方没有以同一方式理解，那么同一词语会呈现出不同含义。如果我们不能体会出他人话里的意思，而仅听到所表达的内容，就有可能对这个信息产生误解。

3. 倾听非语言暗示

手势、腿部动作、语调、眼神、面部表情属于非语言信息，它们构筑成信息传递的一个重要组成部分。我们需要仔细观察、倾听和谨慎评价这些信息。用眼睛去看有时跟用耳朵听同样重要。尽管有时点头表示同意，但并不是所有场合都是这样，你必须根据文化背景和个人风格来理解非语言信息。

语音、语调、停顿和沉默等属于副语言。副语言能反映出说话人的态度，能够帮助说话人表达情感。任何一种副语言都可以加强或削弱口头信息。如果你对它们保持警觉的话，那么它们将有助于你有效地倾听。

4. 体味言外之意

在许多情况下,当你专注地倾听时,能很容易从说话者的话中听出他不想说出的东西。这将有助于继续沟通或者结束对话。

5. 有耐心地听

为了正确地倾听说话者表达的内容,你必须认识自己对所讨论的主题的倾向。你并不需要改变自己的观点,但是你要能衡量并了解别人的观点。听众经常只是听到开始几句话便马上得出同意、友好、敌对或无关紧要的结论。相反,收集信息,评价说话者的观点,然后在作出判断之前想想是否符合事实并小心分析,不要急于得出结论或放弃自己的想法,你需要慢慢地倾听。

6. 选择合适的时间和地点

外在干扰的副作用很大,如果可能的话,一定要避开干扰并找到合适的时间和地点以达到有效倾听的目的。

# 第二章　倾听是智慧的体现

## 倾听是修养的体现

眼下肯耐住性子听别人"唠叨"的人越来越少了。人人都在忙,不忙事也忙心,不忙心也焦心,谁都没闲工夫倾听。

忙事的也好,忙心的也罢,宣泄不畅就会憋出病来。越是生活节奏快、紧张压抑,人们就越想倾诉;越是想倾诉,就越是需要倾听者,这是常理。聊天无疑是一种很好的宣泄途径,工作的压力,生活的烦恼,找个对心情的人说说,就像卸下一个重包袱。可是,如果没人听你诉说,你总不能跟影子交谈吧?现代文明规范是柄双刃剑,一面给人带来物质上的充分享受,一面又让人彼此隔阂。

心理需要平衡,总往心里装东西,而不设法释放,人就会焦躁不安。社会也需要平衡,光有人喋喋不休,没有人耐心倾听,人就都成了梦呓者。

但是,当一个耐心的倾听者并不容易。倾听者必须有很好的个人修养,懂得尊重别人,至少会控制自己的情绪。自私的人不肯为他人分忧,刚愎自用的人好为人师,怎肯听别人说三道四?冷漠的人对一切都不动心,心理阴暗的人总想正话反听，自卑的人假意奉承，老于世故的人顺情说好话……如此这般，也就没有诚心倾听的氛围了，倾诉者也就体会不到那种温馨的感觉。

这种修养，其实就源自爱心。如果你喜欢听他人对你的倾诉，就要认真看着他的眼睛，努力顺着他的语言走入他的心灵，不时点头或回应微笑。他诉苦时你就感同身受，他欢乐时你分享欢喜。他的苦与乐都是一段心路历程，他在倾诉中解脱了郁闷，你也能在倾听中获得教益。倾听有时还是获得友谊的好机会，当他人把满腹苦辣酸甜一股脑儿泼给你时，你便成了他心田上的一缕阳光。

## 善于倾听的优势

从他人的语言中提取有价值信息的能力，将有助于你说服他们接受你的意见。而假如你在疲惫和精力分散的时候也很乐意关注他们的话，将会帮助你建立起人们对你的信任。

要从倾听中发现机会，对合格员工来说，往往是听的能力比说的能力更重要。许多公司虽然有机会听取他们业务人员的意见，但是，往往没有好好利用。

懂得如何倾听的员工最容易把事情做好，最易被上司重视以及赢得友谊，并且容易把握别人错过的机会。

有一次，一家人寿保险公司的代理商对某公司培训部的经理宋雄说，他的公司完全忽视地方代理商所提供的意见。

"我不会再费心提任何建议了，"他告诉宋雄，"因为他们根本不重视我或其他代理商的意见。每次我提出一个有关交易的想法时，我们公司的行销人员就会说：'你只需注意销售，公司的交易办法让我们来操心吧。我们有各种专家来设定策略，所以，你不用浪费时间思考这个问题。你专心做自己的事，也让我们专心做我们的工作。"

这家保险公司的短视，不仅使它丧失了聆听好建议的机会，同时也削弱了业务部门的士气。

倾听对优秀员工王璐非常管用，有一次她说："我们的政策一直都是：耐心地倾听和开诚布公地讨论，直到最后一点证据都摊在桌上才尝试达成结论。"

王璐以谨慎著称，而且似乎经常很慢做决定，她拒绝仓促下决定。她的座右铭是"让别人说吧"。

有时，一点点的倾听练习，就可以创造惊人的结果。假如你注意听上司要求你做的事，就增加了做好事情的机会，而且不必再重做；如果你注意听别人告诉你的方向，就比较不会走错路；如果你注意倾听顾客真正的需求，就可以避免在他们不要，以及不会买的东西上浪费时间、金钱。

伍小迪在西安拥有一家成功的建筑公司。当别人问他最擅长的是什么时，他回答："倾听。"他解释说："我不是很有创意的人，但我在这里工作的儿子，还有几个职员都很有创意，我所擅长的是聆听。你知道有时候客户和员工会为了一些事情起争执，而因为我可以听到他们双方所说的话，所以我就常可以找到他们的共同点。"

这就是善于倾听的人所拥有的优势。

# 提高倾听的素养和能力

在互联网和其他现代化数字传媒纷纷进入人们的学习、工作、生活的时代背景下，对话、沟通成为人们的趋向性选择。与此同步，思想和文化的教育方式也随之由注重单向灌输变为重视双向交流，倾听自然也就成为这种互动交流的必要前提和条件，成为连接双方心绪的桥梁和纽带。也正因此，有许多人，特别是一些做管理工作的人，必须从以前那种好为人师、"我讲你听"的习惯中走出来，跟上时代的脚步，提高自己倾听的素养和能力。而要学会倾听，在当前至少有以下几点是应该给予足够重视和格外留意的：

1. 倾听与耐心

倾听要耐心。耐心是使诉说和倾听得以进行下去的基本保证。倾听时不能急，急了，常常导致不让人说话；倾听时不能躁，躁了，就会频频打断别人说话；倾听时不能烦，烦了，就会让诉说者顾虑重重、欲言又止。总之，倾听要有耐心，有耐心才能更好地倾听。

耐心是一种态度。倾听的根本问题是态度问题，不是方法问题。毛泽东同志曾指出："怎样使对方说真话？各个人特点不同，因此，要采取的方法也不同。但是，主要的一点是要和他人做朋友，而不是去做侦察，使人讨厌。"管理者要想听到他人的心声，首先要有尊重人、关心人、平等待人的根本态度，要把他人当成无间亲朋、良师益友。应该认识到耐心倾听他人的呼声是坚持民主作风的体现，是贯彻他人路线的基本前提，而这种态度就表现为面对他人时的满腔热忱，倾听诉说时的认真细致，听到问题时的赞许鼓励，闻知困难时的关注关切。

耐心是一种涵养。管理者从他人口中既能听到赞美鼓励，又能听到逆耳之言；既能听到简短汇报，又能听到唠叨长谈；既能听到真知灼见，又能听到风言风语。面对各种声音，管理者需要有海纳百川的气度，要能听得进千言万语。法国著名作家雨果说过："世界上最宽阔的是海洋，比海洋更宽阔的是天空，比天空更宽阔的是人的胸怀。"管理者就应具备宽广的胸怀和容人的素质。

耐心是一种习惯。秦末，楚汉相争。初始，汉高祖刘邦处于劣势，兵寡势微，屡战屡败，但是他从谏如流，始终愿意耐心听取他人的意见，把倾听意见作为习惯，变成个人风格，终于以弱胜强。而项羽则高傲自大，闭目塞听，仅有一个谋士范增，还不愿用，最终失去了优势，无颜再见江东父老。同样，管理者要为企业建设出谋划策，要解决各种实际问题，需要掌握各方面的情况。面对纷繁复杂的局面，管理者必须把倾听变成自觉行为，内化为良好习惯，形成工作作风，才能耐下心性听取八方来言，才能心平气和听完各种意见，也才能为做好工作打下扎实的基础。

2. 倾听与虚心

倾听要虚心。因为只有虚怀若谷，才能容纳各种不同意见。倾听，不论听到什么意见——正面的、反面的，料到的、意外的，好听的、难听的，都要"洗耳恭听"。

不自以为是。好为人师，自以为是，不由分说，拒人于千里之外，都是倾听的大敌。管理者在任何时候都不能认为自己有多高明，应该认识到高明是相对的，一个人不可能比一切人高明，也不可能在一切事上都高明，只有虚心听取不同意见，做到耳听八方，才能了解到真实情况，才能为他人所认可。正如汉代桓宽在《盐铁论》中所讲："多见者博，多闻者智，拒谏者塞，专己者孤。"管理者只有谦虚好学，多听多看，兼听善择，才能视野开阔，知识丰富。否则，自高自傲，夜郎自大，只能导致独断专行，陷于孤立。

不拒绝批评。倾听不只是听好听的话，更要听难听的话，难听的话中有真相、真情、真理。"良药苦口利于病，忠言逆耳利于行"，讲的就是这个道理。唐太宗李世民多次被谏臣魏征尖锐的措辞激得面红耳赤，但他能够虚心纳谏、容人谏言，反而从魏征那里受益匪浅，因此魏征死后他痛哭流涕："以人为镜可以明得失，魏征殁，朕亡一镜矣！"面对批评，人们不仅要能听，还要善听、愿听、爱听。要以"闻过则喜"的胸怀对待批评，做到"言者无罪，闻者足戒"。只有这样，才能听得进逆耳良言，才会吃得下苦口良药。

不居高临下。倾听是发扬民主、集思广益、融入他人的有效途径，是管理者礼贤下士、平易近人、礼貌待人的直接体现。三国时，刘备不以诸葛亮位卑而轻之，三顾茅庐问天下计，诸葛亮因感"先帝不以臣卑鄙"之恩而"鞠躬尽瘁，死而后已"，成为千古佳话。虽然人有大小、新老之分，言有长短、轻重之别，但是管理者应该深知"微言"有大义、"小计"含真情，放下架子、面子倾听他人的声音，就会得到他人的敬重，就会得来他人的肺腑之言，就会赢得他人的支持拥护。

3. 倾听与诚心

倾听要诚心。心诚则灵。心不诚，如果只是表面上装出倾听的样子，而实际上心不在焉，那么，就不仅听不到真言，还会因此交不到诤友。

倾听要真诚。"人心换人心，五两对半斤"，管理者只有真心诚意地去听他人的声音，他人才会从心里接受你、感谢你、支持你。日本松下公司多年来有一项制度，就是每月发工资时，工资袋里必须有一封总经理给职工的亲笔信。信都写得真诚感人，职工拿到工资袋，不数钱，先看信，还拿给家人看，看到感人处一家人都掉眼泪。正是因为公司这种真诚待人的态度，使得松下员工都尽心敬业、努力工作，也使得松下公司成为世界著名企业。"精诚所至，金石为开"。管理者要想听到真实的话语，必须抱有真诚的态度，做到用心去听，用情去听，而绝不能虚情假意，敷衍了事。

要理解对方。他人向管理者诉说衷肠，多半是因为心里有了解不开的疙瘩或遇到了棘手的问题。因此，倾听时必须理解诉说者的心情和处境。要由人推己，站在当事人的角度来感知诉说者的困难和心境，理解他们的心情和需要。要通情达理，面对他人的不满之辞和偏激话语，应该理解他们、体谅他们，用自己的诚心来解开他人的心结。要想人所想，对待他人的事情和疾苦，应该急人所急、忧人所忧。只有这样，才能与人交心，大家才不会把你当成外人。

信任也很重要。"开心见诚，无所隐伏"。他人只有感受到管理者的信任和诚意，才会毫无隐讳地讲真话、说实情。同样，倾听时只有相信对方的人格品德，相信话语真实可靠，才会听得到对方的心声。战国时，魏文侯不听闲言碎语，用乐羊为帅讨伐中山国，当征战中流言四起时，魏文侯不仅不信，反倒多次派人劳军，结果乐羊率军取得大胜。正如常言"信人者，人亦信之"，管理者只有对他人坦诚相见，相信他人，依靠他人，才会赢得他人的信任，才能听到他人的实话。

4. 倾听与细心

倾听要细心。古人云"天下大事，必作于细"。倾听时，管理者只有心细如发、见微知著，才能敏锐地感知他人的心迹，才能迅速地抓住问题的端倪。

要听清。倾听不是不动脑子地随便听听，而是要集中精力，认真、用心地听。管理者在倾听他人反映情况时不能"心不在焉"或"左耳进右耳出"，更不能还没等对方讲完就"先声夺人""先入为主"。这样，不但听不清他人的话语，而且还会影响他人的情绪，"听"还不如"不听"。要听清话语，必须聚精会神，心无旁骛，自始至终地认真听他人的每句话语。要记清话语，除用笔去记外，还要用脑去记，用心去记，记清他人的情绪态度，记住他人的殷切期望。

要听准。"差之毫厘，谬以千里"，这个道理同样适用于倾听。听不准他人的话语，就弄不清他人的想法，就不会清楚他人的需要，也就会使后面的工作无的放矢，甚至出现偏差。要听准话语，需要心随耳动，切实弄明白他人说的重点是什么、心里的想法是什么、希望达到的目的是什么，尤其对于重要、敏感的话语，应该有意再询问一下，确保准确无误。要听准话语，还需要闻百家之言。"兼听则明，偏信则暗"，只有倾听多种声音、征求多种意见，并经过分析辨别、综合衡量后，才能找出最准确的信息。

要听真。"说话听声，敲锣听音"。倾听要辨识，没有辨识怎能听真？管理者要想把准他人的思想脉搏，弄清事物的本来面目，就要会听言下之意、真实之音。人们的经历和环境不同，个性特征、学识、修养和思维方式也会不同。有的人说话直接反映他的真实想法，有的人则常常用反话、气话、怪话等曲折的方式来表达意见倾向。所以，相同的话由不同的人来说，其含义可能是不相同的。因此，管理者倾听时一定要开动脑筋，对听到的话进行具体分析、去伪存真，从而摸清他人的真实想法。

## 倾听能促进有效的沟通

听本来是很简单的过程，听到什么就是什么，可是，人际关系很复杂，很多人心里想的是大海，口中说出来却是天空，经常有"弦外之音"；很多人不清楚自己在想什么、在讲些什么，听者更是云里雾里。

在人际沟通上，西方人与东方人有很大的差别。西方人说话直接，不喜欢转弯抹角，想什么就说什么。东方人长期受传统文化的影响，讲究中庸之道，表达含蓄，喜欢让别人"悟"。说话经常不直接点到，表达需求的时候，也不善于直接提出来。

倾听不是一般意义上的听。听对方说出来的内容，只是常规意义上的听。有效倾听则是要听出对方说话背后的初心，也就是他说这句话的出发点是什么，有什么动机，想达到什么目的。汉代扬雄说："故言，心声也。"

只有细心的倾听，才能达成有效的沟通。

因为一般人都喜欢讲，而不善于听，因此把讲的机会留给喜欢讲的对方，把听的智慧与机会留给自己，那自然是一种特别和谐、美妙的组合。

善于倾听，意味着要有足够的好奇心，去强迫自己对别人感兴趣。从现在开始，对别人多听多看，将他们当做这世上独一无二的人对待，你将发现你比以往任何时候更善于沟通。

世界汽车销售冠军乔·吉拉德归纳了 12 条倾听法则：

（1）把嘴巴闭起来，以保持耳朵的清明。

（2）用你所有的感官来倾听，别只听一半，要了解完整的内容。

（3）用你的眼睛倾听，目光持续地接触，这样会让客户感到你在认真倾听他所说的每一个字。

（4）用你的身体倾听。运用肢体语言来感受，可倾身向前，脸上保持全神贯注的神情，表示对他讲话的专注。

（5）当一面镜子。别人微笑时，你也微笑；他皱眉时，你也皱眉；他点头时，你也点头。

（6）不要打岔，以免引起别人的烦躁和不快。

（7）避免外界的干扰。必要时请秘书暂时不要把电话接进来。

（8）避免分心。把电视、音响设备关掉，没有什么声音比你正倾听的那个人的声音更重要。

（9）避免视觉上的分神。不要让一些景象干扰你的眼睛。

（10）集中精神。随时注意别人，不要做其他分散精力的事，如看表、抠指甲、伸懒腰等。

（11）倾听弦外之音。常常没有说出来的部分比说出来的部分更重要。要注意对方语调、手势的变化。

（12）别做光说不练的人，把仔细倾听当成你的行动之一。善于倾听，你会更受欢迎。

## 善于倾听的人会说话

从人性的本质来看，每个人最关心的都是自己。与你谈话的人，对他自己、他的需要、他的问题，比对你及你的问题要更感兴趣。因此有人说："许多人之所以请心理医生，他们所要的只不过是一个倾听者。"所以，要想做一个会说话的人，那就请先做一个善于倾听的人，鼓励别人多说话。

卡耐基的名声远播到欧洲后，欧洲有些地方就邀请他去做演讲，卡耐基便有了一次欧洲之行。

从欧洲回来之后，一天，卡耐基的朋友邀请他参加桥牌晚会。在这个晚会上，只有卡耐基和另外一位女士不会打桥牌，他俩就坐在一旁闲聊上了。

这位妇女知道卡耐基刚从欧洲回来，于是，就对卡耐基说："啊，卡耐基先生，你去欧洲演讲，一定到过许多有趣的地方，欧洲有很多风景优美的地方，你能讲讲吗？要知道，我小时候就一直梦想着去欧洲旅行，可是到现在我都不能如愿。"

卡耐基一听就明白这位女士想从自己的话中寻找一些契机，以便开始她的谈话。

卡耐基听朋友介绍过她，知道她刚从南美的阿根廷回来。阿根廷的大草原景色秀丽，到那个国家去旅游的人都要去看看的，且都有自己的一番感受。

于是，他对那位女士说："是的，欧洲有趣的地方可多了，风景优美的地方更不用说了。但是我很喜欢打猎，欧洲打猎的地方就只有一些山区，很危险的。那里没有大草原，要是能在大草原上边骑马打猎，边欣赏秀丽的景色，那多惬意呀……"

"大草原？"那位女士马上接过卡耐基的话头，兴奋地叫道，"我刚从南美阿根廷的大草原旅游回来，那真是一个有趣的地方，太好玩了！"

"真的吗，你一定过得很愉快吧！能不能给我讲一讲大草原上的风景和动物呢？我也梦想到大草原去的。"

"当然可以，阿根廷的大草原可……"那位女士遇到一个倾听者，当然不会放过这个机会，她滔滔不绝地讲起了她在大草原的旅行经历。在卡耐基的引导下，她又讲了布宜诺斯艾利斯的风光和她沿途旅行的国家的风光，甚至到了最后，变成了她对自己去过的美好地方的追忆。

卡耐基在一旁耐心地听着，不时微笑着点点头鼓励她继续讲下去。那位女士讲了足足有一个多小时，然后晚会就结束了，她遗憾地对卡耐基说："卡耐基先生，下次见面我继续给你讲，还有很多很多呢！谢谢你让我度过了这样美好的夜晚。"

卡耐基在这一个小时中只说了很少的话，然而，那位女士却向晚会的主人说："卡耐基真会讲话，他是一个很有意思的人，我很乐意和他交谈。"

事实上，卡耐基不可谓不健谈，但他为什么不大谈特谈他的欧洲之行呢？因为他知道，像她这样的人，并不想从别人那里听到些什么，她所需要的仅仅是一双认真聆听的耳朵。她想做的事只有一样：倾诉。她心里想将自己所知道的一切全都讲出来。对这种谈话者，最好不要自以为是，卖弄口才，那只会赢来厌烦的表情。

## 智者才懂得倾听

任何人都希望自己受人欢迎,也希望别人能了解自己。因此,不少人都想方设法来训练自己的口才,让自己能言善道,成为雄辩的顶尖高手。这些人错误地以为沟通就是听我说。其实,能让谈话的花朵盛开的,并不是会说话的人,而是会聆听的人。

沟通大师戴尔·卡耐基认为:在沟通的各项功能中,最重要的莫过于倾听的能力。有效的沟通始于真正的倾听。你若想别人同意你的观点,你先得给他们一个表达自己观点的机会。"说"与"听"是沟通不可或缺的条件,这两者相互平衡,才会产生理想的沟通。

也许你也碰到过这种情形,正在和人说话的时候,忽然很不舒服地觉得对方根本没有在听,或者一开始就没有在听你说话。碰到这种情形,你也许不愿意问:"你有没有在听我说话?"没有人喜欢白费唇舌,每一个人都希望自己说话的时候,对方在认真倾听,而且他能了解、体会你所说的话。

我们身边并不缺少能言善辩者,而是缺少善于倾听者。造成这种情形的原因之一是我们在研究言谈技巧的时候,总是把重点放在说话上,而不是放在聆听上。另一个原因则是,说话的确是比倾听容易些。

有科学家经过研究后得出一个结论,一般人在听别人说话的时候,只能收听30%,过了一个星期,只记得10%。因此,我们要学习倾听,掌握听的秘诀,增加理解力,超越那30%的限制。

作为一个管理者，应当培养倾听的能力。如果你能够很好地听别人说话，就能够利用空余的时间问自己，听到了些什么，对方所说的自己了解了多少。在倾听时，自己的思想、感觉不会跟所听到的信息纠缠在一起，能够集中注意力倾听，不会分心。如果管理者在倾听时保持头脑警觉，富有好奇心，就能够积极主动地倾听，而且能逐渐养成较佳的倾听习惯。

善于倾听，是有效沟通的过程中最强有力的一环。一个上司在和下属交谈的过程中，如果能很清楚地知道下属所说的是什么，那就很难得了。假定有五个领导参加同一个业务部门的汇报，这五个领导也许会听到不同的事。这是因为，这五个人有不同的背景、不同的观点，并且希望听的内容不同。而对于不是自己希望听到的事，就会不知不觉地忽略过去。

就管理者而言，有效倾听也许是个全新的观念。你总是以为，听的能力是与生俱来的，就像耳朵一样。可是，如果你愿意考虑新的途径，我们相信，有意识地强化自己的倾听能力，就能更有效地沟通。

一旦管理者学会有效倾听以后，就会觉得，听别人说话容易多了，也有趣多了。你听得越多，听得越清楚，就越能懂得别人所说的，而且了解得越深入、越清晰，同时对自己也更能深入了解。你能为别人效劳，同时对自己也有帮助，自然觉得很愉快。

只要管理者愿意尝试重新调整聆听的习惯，愿意表示对别人的讲话有真正的兴趣，希望更愉快地和别人相处，就会获得更多有效的沟通。

# 第三章　光用耳朵还远远不够

## 透过说谎看清内心

有时，人们因为有难言之隐或其他的一些原因不得不隐瞒自己真正的思想和情绪，会出现口是心非、表里不一的状态。

有一位著名作家曾经说过："我们几乎在会说话的同时，就学会了撒谎。"小孩子为避免斥责而撒谎，大人撒谎的原因就更多种多样了。可以说，从来没有撒过谎的人，世界上是没有的。于是，撒谎也就成了人际交往与沟通中的一种常见现象。

说谎的方式很多，比如，人在行为上所表现出来的虚伪，也是谎话的一种。有一种人，在人前一本正经，说的话也非常动听，可是他在独处时的一举一动，却与人前所表现的截然不同。

埃克曼归纳了撒谎者会流露出来的一系列表情特征，从而为人们提供了许多有助于识别日常说谎者的方法。

①拖长的微笑或拖延的惊讶表情可能是虚假的。几乎所有真实可信的面部表情4~5秒后就会消失。

②当一个人心烦、担忧、生气的时候，70%的人音域会突然提高。这是发现他们是否在说谎的一条线索。

③扭曲的或不对称的面部表情通常是欺骗人的。

④说谎者的面部表情和身体动作通常不是同步发生的。猛敲一下桌子而停顿下来才显出怒容的人可能正在作假。

⑤讲话中常发生言语中断和口误、奇怪的停顿等现象，这也往往可以看出是在说谎。

⑥压制感情的面部表情一闪，迅速又恢复常态，这也是说谎者的表情特征之一。

撒谎的重要迹象是在姿势这一"体语"方面出现"泄露标志"。一个伪装面部表情的人，常会在体姿方面泄露天机。如某人撒谎时，指指点点、比比画画的手势，往往戏剧性地出卖了自己。

手势不易伪装的原因在于，当人的大脑进行某种思维活动时，他的大脑会支配身体的各个部位发出各种细微信号，这是人们不能控制而且也是难以意识到的。当人做出一种伪装手势的时候，他的细微信号和他的有声语言就会出现矛盾。

一些研究表明，当一个人撒谎时，他的平均音调比说真话时高一些。

说谎的人本身就是一个弱者。假如一个人具有深刻的洞察力，随时能够判断什么事应当公开做，什么事应当秘密地做，什么事应当若明若暗地做，了解这一切的分寸和界限，那么，这种人是有智慧的。而对于这种人来说，说谎不仅不必要，而且足以成为一种弱点。但对于一个不具备这种洞察力的人来说，他就不得不经常依靠诈术欺人，从而成为一个骗子。

欺人之术有三种：第一种是沉默，沉默就使别人无法得到探悉秘密的机会；第二种是消极地掩饰，目的却是掩盖真相中更重要的那些部分；第三种是积极地掩饰，即故意设置假相，掩盖真相。

经验表明，善于沉默者，常能获得别人的信任。因为没有谁会愿意对一个长舌人披露内心的隐秘。一个善于沉默的人，常显得有尊严。所以说，善于沉默是一种修养。

## 倾听并不是静听

大多数人都有一种表现自我，显示自我价值的强烈欲望，往往会忽视别人的态度，只顾自己高谈阔论，大抒豪情，哪知人家早把耳朵给闭起来了。在这种时候，我们不妨把口闭上，把耳朵竖起来，看着对方的眼睛，用心地去倾听他的话语。

说话是一门艺术，倾听式的说话就更是一门艺术。在现代社交中，倾听是搞好人际关系的一个有效手段。越是善于倾听他人意见的人，他的人际关系也就越理想。因为你的倾听，对方可以把它理解为对自己的尊重和褒奖，这种尊重和褒奖其实就是一种语言。它等于告诉对方：你说的话对我很重要，我在认真地听呢！这就在无形中使对方获得了一种满足感，满足了表现自我的欲望，增进了相互间的感情。

有经验的推销员大都懂得"善于倾听"的秘诀。一般商场里有经验的职员在处理投诉时，都会默默无语地倾听顾客的满腹牢骚。在这种时候，顾客会把你的沉默理解为：你尊重我，你认为我的投诉是正确的。这样等顾客把不满倾诉完之后，他的火气也就消了一大半，那么问题也就很容易解决了。

倾听别人的谈话是日常交往中最为常见的沟通方式，但倾听并不是静听，而是积极地把自己投入到角色中，在听的同时激发说话者的热情。比如点点头、眨眨眼睛的动作，对于说者来说，都是莫大的鼓励。如果听者不会及时地给予说者以恰当的回馈，那么纵使你听的时间再长，也不会被当作知音。说话的人宁愿去对牛弹琴，也不愿面对着这样一个"莫测高深"的人。

要想成为一名合格的倾听者，必须达到心神合一的境界，光用耳朵是远远不够的。当你全身心地投入，满足了说者自我表现的欲望，那你就达到了无声说话的目的。每个人都是一个独特的世界，都是一道美丽的风景，只是被深深地掩藏在心灵的帷幕之后。当一个人把他成功的喜悦、失败的痛苦、人生的惆怅表白给你的时候，用你的倾听将阳光播洒于他的世界，将给予他的是生命能量的激发。

## 说话语气能透视人的心理

在生活中，语言是人们沟通、交流，传达各种信息和情感的一种最直接、有效的方式之一。它所表达的意思是通过人们对发音器官有意识的控制和使用而体现出来的。这种有意识的控制和使用的一个重要对象便是说话的声音和语气，通过说话的语气可以透视一个人的心理活动。

说话速度特别快的人多比较外向，具有活力，总给人一种阳光般的感觉。

说话速度慢的人多数时候都沉默少语，待人也比较冷淡和漠然，但他们心里却也是充满热情的，只是不太善于表露出来，这样的人多比较内向。

说话缓慢的人，会给人一种诚实、诚恳、深思熟虑的感觉，但也会显得犹豫不决、漫不经心，甚至是悲观消极。

那些说话不紧不慢、声音细小的人，听起来让人感觉既轻松自然又和蔼亲切。这一类型的男性多待人忠实厚道，胸襟比较开阔，有一定的宽容力和忍耐力，能够吸取他人的意见和建议为己所用，但同时又不失自己独到的见解。他们较富有同情心，能够关心和体谅他人。而这一类型的女性则多比较温柔、善良、善解人意，但有时候也显得过于多愁善感，甚至是软弱。

说话声音低沉而粗的人多比较现实和实际，他们的性格比较稳重，在为人处世等各方面也比其他人更加谨慎和小心，浑身上下总会散发出一股成熟的魅力，潇洒飘逸，很能吸引他人的目光。这一类型的人多有比较强的适应能力和随机应变能力，在不同的环境和事情面前，能够迅速地调整自己。

那些说话大声者，多比较粗犷和豪爽，他们脾气暴躁、易怒，容易激动，为人耿直、真诚、热情，说话非常直接，有什么就说什么，从来不会拐弯抹角绕圈子。这一类型的人多容不得自己受一点点委屈，他们会据理力争，一直到弄出个水落石出为止。他们有时会充当急先锋，起召唤、鼓动的作用，但有时也会在不知不觉当中被他人利用，自己却浑然不知。

说话时多有唉声叹气的人，心理承受能力比较差，在挫折和困难面前，或是遭遇失败时，就会丧失信心，显得沮丧颓废，甚至是一蹶不振。这一类型的人，从来不善于在自己身上寻找导致自己失败的原因，而总是不断地找各种理由和借口为自己开脱，他们时常哀叹自己的不幸，却以他人更大的不幸来平衡自己。

在说话的过程中不断地清喉咙的人，可能是为了变换说话的语气和声调，还有可能是为了掩饰自己内心的某种焦虑和不安。

在社会交往中，人们经常会看到这样一个现象，社会地位高的人对下属的谈话总是居高临下，他可以紧盯着下属的眼睛和每一个动作，而下属通常都是采取恭敬的态度，俯首帖耳地倾听，并不时伴以理解和应酬性的微笑。而社会地位低者对社会地位高者进行说明时，对方只是随意地附和，并不向说明者使用客气的语调说话，这通常都是对对方怀有轻视的表现，而这种表现往往会妨碍下属的说明工作。

当社会地位高的人对社会地位低的人有反感时，大部分情况下不会将反感压抑在心底，而是直接表现出来。例如，谈话当中突然离席，让对方久候；谈到主题时，故意岔开话题；假装正在思考问题，将视线转移到别处；更有甚者，根本不听你的谈话，一个人看起报来。这些都说明对方忽视你的态度。

在人际交往中，某些自尊心很强的人，为了保护自尊，常常不发一言，极夸张地表现出瞧不起人的态度。因此，他会戴上面具来支撑自我、掩饰自我，并且回避问题。

言语是情感的表达，是思想的表现结果。一个人不管水平如何，目的如何，只要他张口说话，他就在有意无意地给别人留下印象。一句话就是自己的一幅画像。同时，说话也可以展示一个人的职业、身份和知识水平，一个人在言谈中会不经意地流露出自己的思想和情感，一个能够在谈吐之中，对问题条分缕析，应对自如，并表现出不同凡响的气质和风度的人，肯定是位有思想、有内涵的人。

## 行动胜于语言

如果你去问一个听力正常的人："你会听吗？"一定会遭到对方的耻笑，这种问题他一定不屑于回答你。长了两只耳朵，又不聋，有谁不会听呢？可谁又会想到，坐在那里听的人有可能只是一部录音机呢！录音机是由一堆塑料和金属构成的没有生气、没有情感的物体，如果听者成了一部只知道开关运行的录音机，那么他是无法激起说话者的激情的。说话者的第一感觉便是：你在敷衍我。这样的录音机式的听者又怎能激励别人？

所以，听应该是倾听，是对说者表现出极大关注的听。有人做过这样一个实验，来证明听者的态度对说者有着极大的影响：

让学生表现出一副心不在焉的样子，结果上课的教授照本宣科，不看学生，无强调，无手势。

让学生积极投入地倾听，并且开始使用一些身体语言，比如适当的身体动作和眼神的接触。结果教授的声调开始出现变化，并加入了必要的手势，课堂气氛活跃起来。

由此看出，当学生表现出一副漫不经心的样子，教授因得不到必要的反应而变得满不在乎起来。而当学生改变态度，用心地去倾听时，其实是从侧面告诉教授：你的课讲得好，我们愿意听。这就是无声的激励，能够起到积极的效果。

从上面的例子也可以看出，倾听时加入必要的身体语言，是非常有必要的。

行动胜于语言。身体的每一部分都可以显示出肯定、赞美的信息，可增强、减弱或躲避、拒绝信息的传递。精于倾听的人，是不会做一部没有生气的录音机的，他会以一种积极投入的状态，向说话者传递"你的话我很喜欢听"的信息。

俗语说"眼睛是心灵的窗口"，适当的眼神交流可以增强听的效果。这种眼神是专注的，而不是游移不定的；是真诚的，而不是虚伪的。发自灵魂深处的眼神是动人心魄的。

倾听者必须会做一些小动作。身体向对方稍微前倾，表示你对说者的尊敬；正向对方而坐，表明"我们是平等"的，这可使职位低者感到亲切，使职位高者感到轻松。自然坐立，手脚不要交叉，否则会让对方认为你傲慢无礼。倾听时和说话人保持一定的距离，恰当的距离给人以安全感，使说话者觉得自然。动作跟进要合适，太多或太少的动作都会让说者分心，让他认为你厌烦了。正确的动作应该是跟说话者保持同步，这样，说话者一定会把你当做知心人。

倾听并不意味着默默不语，除了做一些必要的小动作外，还得动一动自己的嘴。恰当的插话不但表示你对说者观点的赞赏，而且还暗含对他鼓励之意。

另外，我们还可以向说话者提一些问题。这种提问既能表明你对说者所谈论的话题的关注，又能使说者说出欲说无由的得意之言。

学会倾听其实是激励艺术的第一步。我们要激励别人，首先得有激励的依据，那些没有根据的子虚乌有的激励只能引起对方的反感，而听就是我们获取激励所需依据的必要手段。我们可通过听人的谈话，而获取必要的信息；我们也可直接在听说话者的同时，找到称赞、激励对方的材料。为了知道更多的东西，为了让我们的激励变成温暖他人的阳光，我们就必须进行有效的倾听。

## 做一个信息的富翁

倾听是领导者获得信息的一种重要方式。报纸、文献资料是了解信息的重要途径，但受时效限制，而倾听却可以得到最新信息。俗话说得好，"听君一席话，胜读十年书"。交谈中有很多有价值的信息，有时常常是说话人一时的灵感，而自己又没意识到，对听者来说却很有启发。所以有人说，一个随时都在认真倾听他人讲话的人，在与别人的闲谈中就可能成为一个信息的富翁。

1958年的一天，在美国克利夫兰市的一家西餐馆里，一个中国人正同两个美国商人共进午餐。席间三人亲切交谈。

"伙计，"这位中国人说道，"在美国，什么行当最能大行其道？"

"Wigs厂。"其中一个美国商人答道。

"假发？"这位中国人的眼睛一亮，脱口而出。

"Yes，Wigs！"那个美国人又一次肯定。说着，他放下手中的刀叉，从随身所带的包中取出一个长的黑色假发，表示说，他还有意购买13种不同颜色的假发。像这样餐桌上的交谈，在当时来说，只不过是商场上普通的谈话，按理说并不见得有什么特殊的意义，但是，言者无意，听者有心。餐桌上的一句话，触动了这位中国人聪敏的头脑。他很快就判断出"假发"两个字可以让他大做一篇招财进宝的文章。这顿午餐，就成了这位反应敏捷、有心眼的中国人发迹的起点。

这位中国人，就是后来在香港被人称为假发业之父的刘文汉。

中国有句成语叫闭目塞听，用来讽刺那些不善于倾听的人。一个善于倾听的人，常常能从倾听中捕捉到有用的信息，也因此能谋得先机，取得事业的成功。因此，可以这样说，学会倾听，其实就是培养一种信息意识。听到同样的内容，有的人会立即意识到它的巨大价值，而有的人则熟视无睹或束手无策，这就是倾听能力的高低了。因此，有的商人能够把握时机，作出正确决策，取得一个又一个的胜利；而有些商人则常常白白失去一个又一个大好机会。

1975年，美国一家肉食加工公司的老板在偶尔与朋友的闲聊中得知一条消息：墨西哥发现了疑似牲畜瘟疫的病例。他立即想到，如果墨西哥真的发生了瘟疫，一定会从加利福尼亚州或得克萨斯州边境传染到美国来。而这两个州又是美国肉食供应的主要基地。肉类供应肯定会紧张，肉价一定会飞涨。

当天，他就派人赶到墨西哥去证实这条消息。几天后，派出去的人发回电报，证实那里确有瘟疫，而且很厉害。接到电报后，这家肉食加工公司立即集中全部资金购买加利福尼亚州和得克萨斯州的牛肉和生猪，并及时运到美国东部。

不出所料，瘟疫很快蔓延到美国西部的几个州。美国政府下令严禁一切食品从这几个州外运，当然也包括牲畜在内。于是，美国国内肉类奇缺，价格暴涨。肉食加工公司趁机将先前购进的牛肉和猪肉抛出，在短短几个月里，净赚了900万美元。

# 第四章　倾听会有意外的收获

## 倾听会有意想不到的收获

记者马可逊访问过不少叱咤风云的成名人物,他曾经说过:"有些人不能给人留下好印象的原因,是由于他们不注意倾听别人的谈话。这些人关心的是自己下面要说的是什么,可是他们从不打开耳朵。"马可逊又说,"有若干成名人物,曾这样跟我说,他们所喜欢的,不是善于谈话的人,而是那些静静听着的人。能养成善于静听能力的人,似乎要比好性格的人更少见。"

维克托曾经经历过这样一件事。他在得克萨斯州的一家百货公司买了一套衣服。这套衣服穿起来实在使人太失望了,上衣会褪色,且把衬衫领子弄黑了。

他把这套衣服拿回那家百货公司,找到那个当时跟他交易的店员,想要把经过情形告诉那店员,可是他办不到,想要说的话,都给那个似乎有点"口才"的店员中途截断了。

那店员反驳说:"这种衣服,我们卖出去已经有几千套了,这是第一次有人来挑剔。"

这是那店员所说的话，而且声音大得出奇。他话中的含义就像是："你在说谎，你以为我们是可以欺侮的吗？哼！我就给你点颜色看！"

正在争论激烈之时，另外一个店员插嘴进来说："所有黑色的衣服，起初都会褪一点颜色的，那是无法避免的……那种价钱的衣服，都有这种情形，那是料子的问题！"

这时，维克托满肚子的火都冒了起来。第一个店员，怀疑他的诚实；第二个店员，暗示他买的是次等货。维克托恼怒起来，正要责骂他们时，那家百货公司的负责人走了过来。

维克托后来谈到这件事情时说："这负责人似乎懂得他的职责，他使我的态度完全改变过来。他把一个恼怒的人变成了一个满意的顾客。"

"第一，他让我从头到尾说出整个经过，他则静静听着，没有插进一句话来。

第二，当我讲完那些话后，那两个店员又要开始与我争辩了。可是那负责人却站在我的观点跟他们辩论。他说我的衬衫领子很明显是这套衣服染污的。他坚决地表示，这种不能使客人满意的东西，是不应该卖出去的。

第三，他承认不知道这套衣服会这样差劲，而且坦率地对我说：'你认为我该如何处理这套衣服，你尽管吩咐，我完全可以依照你的意思办。'

数分钟前，我还想把这套讨厌的衣服退掉，可是现在我却这样回答说：'我可以接受你的建议。我只是想知道，这褪色的情形是不是暂时的，或者你们有什么办法，可以使这套衣服不再继续褪色。'"

那位负责人建议维克托把这套衣服带回去再穿一星期，看看情形如何，并说："如果到时仍然不满意的话，拿来换一套满意的。我们增加了你的麻烦，感到非常抱歉。"

维克托满意地离开那家百货公司。那套衣服经过一星期后，没有发现任何毛病，他对那家百货公司的信心，也就恢复过来了。

最爱挑剔的人，最激烈的批评者，往往会在一个怀有忍耐、同情的静听者面前软化下来！这位静听者，必须异常沉着，他必须在寻衅者像毒蛇一样张开嘴巴的时候仍然能耐心静听。

学会倾听别人的意见，你会有意想不到的收获。相反的，如果你只是一味地表达自己的意见，会让人对你的谈话不感兴趣。

如果你不仔细听人家讲话，而是不断地谈你自己，别人便会不愿意跟你谈话，远远地躲开你。如果别人正谈着一件重要的事情时，你发现你有自己的见解，不等对方把话说完，马上就提出来。在你想来，他绝对不会比你聪明，为什么要你花那么多时间去听那些没有见解的话？这种人是最令人憎厌的。他们被自己的自私心和自重感所麻醉，而为一般人所憎厌。

如果你要成为一个谈笑风生、受人欢迎的人，你需要静听别人的谈话。要使别人对你感兴趣，先要对别人感兴趣，问别人所喜欢回答的问题，鼓励他谈谈他自己和他的成就。跟你说话的人，对他自己来讲，他的需要、他的问题，比你的问题要重要上百倍。所以，你如果要别人喜欢你，你就要做一个善于倾听的人，鼓励别人多谈谈他们自己。

## 倾听可以带来收益

有一位管理者参加有关口才和人际关系方面的素质训练之后，发现他过去之所以不受欢迎，不是他说得不好，而是他说得太多。他不愿倾听他人说话，生怕自己落下风。他的人性弱点在于，他总想别人应该认识他，理解他，肯定他的才干，却顾不上去理解别人，承认别人。

他说很庆幸参加这次训练，并决定按训练课的要求，在交谈中多让别人说话，除非别人主动邀请，一般他不再谈自己了，他要试着运用倾听技巧。

刚开始时，他很不习惯，只好强迫自己按课程要求去做，慢慢他发现了倾听的益处，并且，也渐渐掌握了一些倾听的技巧，这对他鼓舞不小。之后，每当他发现有人在谈论什么时，他便不声不响地凑过来，认真听，并力争融入他们的话题。有时候，他故意提一些容易回答的问题引起他们谈话的兴趣。不久他惊讶地发现，他的同事们果真改变了对他的态度。他们慢慢喜欢和他交谈了。

后来，他感慨万分地说："我感到'倾听'真是有用，它给我的帮助太大了。它既使我赢得了人缘，又使我赢得了更多的业务和金钱。"

他的体会是个别例子吗？不是。如果你愿意，也能够做到专心致志倾听他人讲话，鼓励他人多谈他自己，那么，你的收益也将会是多方面的，以下便是倾听可以给你带来的收益：

1. 倾听可以使他人感到被尊重和被欣赏

根据人性的特点，我们知道，人们往往对自己的事更感兴趣，对自己的问题更关注，更喜欢自我表现。一旦有人专心倾听我们谈论自己时，就会感到自己被重视。善听者，可以掌握他人的心声，促进情感的交流与互动，意味着对他人的尊重。

2. 倾听能真实地了解他人，增加沟通的效力

若都喜欢自己说，而不喜欢听人家说，在没有完全了解别人的情况下，对别人盲目下判断，这样便会造成沟通的障碍和困难，甚至产生冲突和矛盾。

3. 倾听可以解除他人的压力，帮助他人理清思绪

倾诉是我们碰到困难的时候所需要的。心理学家已经证实：倾诉能减轻心理压力。当人有了心理负担和问题的时候，能有一个合适的倾听者是最好的解脱办法之一。

你帮了别人的忙，解除了人家的困境，当你需要帮助的时候，别人就会随时感恩报德的。

4. 倾听是解决冲突、矛盾和处理抱怨的最好方法之一

一个牢骚满腹，甚至心存怨恨的人，在一个有耐心、有同情心的倾听者面前常常会软化而通情达理。

5. 倾听可以学习他人的长处，使自己变得聪明

每个人都有他的长处和特色，倾听将使我们能取人之长，补己之短，同时防备别人的缺点、错误在自己身上出现。这样便能使自己更加聪明。

当你把注意力集中到倾听理解对方的时候，你便会很容易地摆脱掉自以为是。这样你便会成为一个备受欢迎的人。

6. 少说多听，还可以保守自己的秘密

如果你说话过多，有可能会把自己不想说出去的秘密泄露出来。这对很多人来说，将会带来不良后果。做生意谈判时，有经验的生意人常常先把自己的情况藏起来，注意倾听对方讲话，在了解对方情况后，才把自己

的牌打出去。

## 会倾听离成功更近

无论是在生活中还是在工作中，主动倾听往往都会让你得到意外的收获。无可否认，这是一个事实。作为这个社会的一分子，我们不能单独行动，更不能像陶渊明那样归隐田园。我们需要很多的信息，很多时候更是需要超前的信息。这些超前的信息从哪里来？这就要求我们要学会与人沟通，主动倾听。是的，我们都要学会鼓励别人说话，主动倾听，准确地捕获信息。

李世民被称为"千古一帝"，"贞观之治"能成为一段历史传奇，不是只因为李世民个人的才能，更是由于他会倾听大臣的意见和建议。他唯才是用，认真对待大臣们的谏言，才有了中国历史上最著名的"贞观之治"。而如今的社会，我们是否还需要像李世民那样重视倾听呢？答案当然是肯定的。"一失足成千古恨"告诫我们不要鲁莽行事，要三思而后行，更是告诫我们凡事要听听别人的意见，力求最好的结果。特别是现在的企业家，作为管理者是最需要主动倾听的。小说《北京商人》中的主人公呼延靖在商场上不断淘金历程中体现出来的敏锐、魄力、对下属的态度，让人们由衷地佩服。他在认真观察市场动态的同时，更加认真地倾听所有人的意见，与下属相处得非常融洽。因此，他无论在做什么决策时，总有精明的下属为他出谋划策，为他效力。由于他对下属的想法和建议总是认真倾听，认真对待下属提出的方案，因此，他的下属也对他忠心耿耿，不放过任何机会施展才华，为公司谋利益。这是一个成功的商人与下属沟通的必要条件。管理者想要倾听，他的员工才会想说出自己的想法；管理者主动倾听，鼓励别人说话，他的员工才会依样学样，也养成主动倾听的好习惯。

成功人士都是懂得主动倾听的重要性的。以往的成功人士也用他们的经历告诉我们：倾听是沟通的基础，主动倾听的人离成功更近。一个不愿意倾听的人，他当然不懂得怎样与人沟通；一个不会倾听的人，他的人际关系应该不怎么样，至少他不是一个能够掌握人才的人；一个愿意倾听，并且主动倾听的人，他在任何场合、任何人之间都会游刃有余。

## 倾听能让你赢得谈判

仔细倾听对方的发言，注意对方语言的表达方式、重复语句，以及语气、声调等，都可以发现对方思想、愿望和需要的线索。

一个人的谈话或陈述，在许多情况下都具有多层含义。要想确切了解对方的意思，需要认真倾听。只有用心倾听，才能从对方的话里捕捉到对你有用的信息。

在谈判中，密切观察对方态度的变化，也相当重要。身体动作、手势、脸部表情和咳嗽等，都能表示多种含义。有时谈判者有意识地用这些代替有声语言，特别是在不允许或不宜用语言表达的时候。如咳嗽，有时表示紧张不安，有时用来掩饰谎话，有时表示怀疑和惊讶。但是，在某一时刻，一个举止又不仅仅表示一个意思。这就要求谈判者要善于倾听，并从对方的态度和言谈举止上加以识别。

俗话说：锣鼓听音，听话听声。谈判中也应如此。

悉心倾听对方吐露的每个字，注意他的措辞、选择的表述方式、语气乃至声调，是发现对方需要的一个重要途径。

任何一种说话，都可以有至少两个方面的意思。乍一看来，某些提法似乎表面上自相矛盾，然而在一定条件下和一定范围内，就会发现它具有的深层含义。

在谈判中，对手常以语言作为伪装，借以表达自己的"真诚"，以混淆视听。对这种言不由衷的把戏一定要警惕，如果不注意倾听，就不容易识别真假。

在谈判中，常听到对方说"顺便提一下……"。说者企图给人一种印象：他要说的事是刚巧想起来的。但是，十有八九，这件"顺便"提的事恰恰非常重要，他漫不经心地提出，只是故作姿态而已。因此，在这种情况下，往往应从反面理解对方一些"动听"的言辞，诸如用"老实说""说真的""坦率地说……""真诚地说……"这样一些词语来提起话头，可能正说明他既不"坦率"，也不"老实"，更不"真诚"。

另外，根据对方怎么说，而不是说什么，去发现其态度的变化。如气氛融洽时，熟识的对手之间往往是直呼其名，突然变为以姓氏或职衔相称，就是气氛趋于紧张的信号，有时，甚至意味着僵局的开始。

## 倾听会让你受益匪浅

对很多人来说，沟通只不过是指一种说教和发号施令的方式，倾听似乎只是一种被动和低强度的行为。其实，倾听不仅与有效沟通密不可分，它同时也是一种高强度的活动。倾听有着不同的强度。听收音机或者电视机是一种低强度的活动。在听者众多的情况下，如课堂和会议，人们常常无法集中注意力和保持投入，这也产生了低强度的倾听。

不过，绝大部分商业沟通——面试、谈判或者培训会议都需要高强度的倾听。要想在这类沟通中取得成功并对人际交往中细微和自发性的线索作出响应，你必须做一个主动的参与者。在这些情形下的沟通要求保持高强度的倾听。在这些沟通中的成功将对你的人际关系和职业产生有意义的影响。

1. 倾听的价值

为什么人们要费时费力地去倾听其他人呢？因为良好人际关系的益处是十分明显的。如果人们在讲话的时候，对方认真地倾听，他们就会觉得这是很深刻的体验，而且会对倾听者颇有好感：说话者畅所欲言的愉悦感受与促进其表达的倾听者不无关系。

所谓倾听就是：

（1）一种关键的沟通技巧。实际上，倾听的意愿和能力被认为是一名成功人士最重要的品质。由于沟通是一种互动，作为一个倾听者，你的反应也会影响讲话人表达的好坏。

（2）收集信息的重要途径。倾听利于学习。如果说知识就是力量，能够进行有效倾听的人就是一个强有力的人。如果你表现出倾听其他人的意愿，你将学到很多可能被忽略的东西。

（3）商业成功的途径。倾听行为能产生信任和亲和力、赢得忠诚和尊敬、缓解人际关系压力、促进合作。倾听能够改善你和每个人的关系，而良好的人际关系能促使你在事业和生活两方面取得更大的成功。

2. 学会倾听

研究表明，我们花在倾听上面的时间多于其他沟通形式。在我们为沟通花费的时间中，有45%用于倾听，30%用于讲话，16%用于阅读，还有9%用于写作。但大部分人都低估了他们的讲话能力，而高估了他们的倾听能力。实际上，很多专业人士接受训练以便提高演讲和协作的技巧，但极少有人会接受训练来提高倾听能力。不过，倾听能力是一种能够学习和提高的技巧。在很多商务场合，你会发现有必要采用所谓的"主动倾听"。

3. 与讲话者产生共鸣

所谓主动倾听，就是你必须揣度讲话者的感受，且真正关心。主动倾听是很难伪装的。共鸣——也就是有效的倾听，要求没有先入为主的判断并寻找情感和信息的清晰线索。如果你能有效地倾听他人，你往往能够使他们增加对自我的认知，或者帮助他们自己认识问题并解决问题。

4. 控制自己的反应

要想获得成功，了解倾听时的非语言行为以及了解自己非语言行为的类型是非常重要的。此外，你必须控制自己的情绪，尤其是你的非语言行为的表露。要留意自己对特定观点、描述和词语所产生的偏见，在你有时间进行深入思考之前，不要急于对所获信息做判断。最后，要将注意力集中在讲话者本人以及他传递的信息上，而不要因为周围的环境和讲话者不尽如人意的表达而转移注意力。

5. 对倾听的费时费力要有心理准备

即使是在较短的时间内主动倾听，人们也会感到疲劳。保持一个开放的胸怀，并不带有任何判断的倾听，确实不容易，需要花费时间。

## 倾听有助于问题的解决

在这个世界上，人与人之间的主要交流方式是谈话，但是在同事之间、朋友之间、客户之间的交谈中，人们往往忽略了倾听的作用。

一位小学三年级的孩子一放学回家，就将考了满分的数学卷拿出来，滔滔不绝地对母亲说自己近段时间如何刻苦。在孩子的言语之间，已带着炫耀和骄傲的成分了。这位母亲听后，说："你是一个好孩子，有了你，我感到欣慰。"这种话很有分寸，既称赞了孩子，又不会使小孩子骄傲。但如果这位母亲说："你真是一个天才，在我看到的小孩子中，没有一个人赶得上你。"那她的话就不恰当了，只会使孩子骄傲，把孩子引入歧途，而达不到教育孩子的目的。

其实，我们身边的人并不是人人都是成功的说者。有些人没把握好谈话技巧，不是短话长说，就是说些与主题无关的话题甚至连陈年往事也牵扯上了。这样的谈话枝叶太多，渐渐地就会脱离主题。因此，听者此时须予以引导，使谈话重回轨道。如此一来，尽管会造成对方一时语塞，但只要说者能适时修正或抑制即可。这是听者的重要责任，也是听话技巧之一。

听者需要掌握语境，为避免说者出轨，就必须控制谈话的节奏，适当地响应，做到有问必答，疏通交流管道，使整个谈话更圆满。

说话的目的是表达个人的思想和观念。谁都具有想要表现自己，说出自己主张的强烈欲望，倘若有人能够满足他的自我表现欲望，则听者对说者而言，必将被引为知己而大受欢迎。

打个比方，你是一个商人，接到顾客的投诉时，该怎么办呢？首先必须站在顾客的立场上，冷静且耐心地倾听，一直等对方把要说的说完。训练有素的推销员戴维曾经说过："处理顾客投诉，推销员要用80%的时间来听话，用20%的时间来说话。"

任何一个顾客来投诉，无论开始脾气有多大，只要我们耐心地听，鼓励他把心里的不满都发泄出来，那么，他的脾气会越来越小，像个被扎了一个洞的皮球那样，慢慢地"放气"。只有恢复了理智，才能正确地着手处理面前的问题。而且因情绪激动而失礼的顾客冷静下来以后，必然有些后悔，这比迎头批评他们要有效得多。

有一位姓刘的先生在订的酸奶中发现了一块玻璃碎片，于是前往牛奶公司投诉。不用说，他的情绪是愤怒的。一路上他已经打好腹稿，并想出了许多尖刻的词语。一到总经理办公室，连自我介绍都省略了，把王经理伸出的友谊之手也拨向一旁，"重磅"炮弹铺天盖地地向王经理猛轰：

"你们牛奶公司，简直是要命公司！你们都掉进钱眼里去了，为了自己多赚钱，多分奖金，把我们千百万消费者的生死置之度外……"

好在这位王经理经验丰富，面对这么强大的刺激，毫不动怒，仍旧诚恳地对他说："先生，究竟发生了什么事？请您快点告诉我，好吗？"

刘先生继续激动地说："你放心，我来这里正是为了告诉你这件事的。"说完，从提袋中拿出一瓶酸奶，"砰"的一声，重重地往办公桌上一放，说：

"你自己看看，你们做了什么样的好事！"

王经理拿起奶瓶子仔细一看，什么都明白了。他敛起微笑，有些激动，说："这是怎么搞的，人吃下这东西是要命的！特别是老人和孩子若吃到肚子里去，后果不堪设想！"

说到这里，王经理一把拉住刘先生的手，急切地问："请你赶快告诉我，家中是否有人误吞了玻璃片，或被它划伤口腔。咱们现在马上叫车送他们去医院治疗。"说着，抄起电话准备叫车。

这时候，刘先生心中的怒火已十去八九了，他告诉王经理说，并没有人受伤。王经理这才转忧为喜，掏出手帕，擦擦额头上渗出的汗珠说："哎呀！真是谢天谢地。"

接着王经理对刘先生说："我代表公司的干部职工向您表示感谢。因为您为我们指出了工作中的一个巨大的事故隐患，我要将此事立刻向公司通报，采取措施，今后务必杜绝此类事情发生。还有，您的这瓶酸奶，我们要照价赔偿。"

王经理的这番话，一下子把气氛给缓和了。刘先生接过那瓶酸奶钱的时候，气已经全消了，而且还有点内疚："经理是个这么好的人，我开始真不该那么说话。"

接下去，他便开始向王经理建议，该采取什么样的措施才能避免此类事故继续发生。结果越谈越融洽，原来双方都是站在一个立场上。

王经理处理这起顾客投诉，有几点做得很到位：

第一，当顾客发火时，他很冷静；

第二，用询问法鼓励顾客把真正的原因讲出来；

第三，当顾客讲清原因后，站在顾客的立场上考虑问题，当即采取措施；

第四，对顾客前来投诉表示诚挚的感谢，并就搞好工作的问题，继续听取顾客的意见。

耐心听取对方的倾诉是很重要的。当一方滔滔不绝地说话时，另一方有充裕的时间去考虑问题。不要在未听完对方的全部投诉之前就作解释，或急于表达结论。而应该在倾听中了解对方的想法和要求，从而做到有的放矢和解决问题。

# 第五章　倾听是为了更好地沟通

## 聆听是一门学问

一个人之所以受欢迎，并不是因为他具有雄辩的口才，而是他具备聆听他人谈话的耐心。在与人交谈的时候，认真聆听，对对方的话题表示感兴趣，是对对方莫大的尊重。只顾自己说话，对别人说的内容漠不关心，无论你听还是不听，只管自己嘴巴快活，这其实是一种自私的表现。

在出席群体会议的时候，人们往往容易犯急躁的毛病，还没等别人把话说完，就迫不及待地亮出自己的观点，企图引起别人的注意。可是事实上，在群体会议上话讲得越多的人，越容易被人忽视。

那些不轻易开口的人，是在虚心听取别人的意见，他把大部分的时间用来比较、斟酌别人的观点，这类人在关键时刻，一旦开了口，就会吸引众人的注意。由于给自己留有足够的准备时间，所以，他们的谈话往往言简意赅，句句切中要害，容易引起大家的重视。

讲话是一门艺术，聆听更是一门学问。熟练掌握聆听的艺术，并善于运用这门艺术，在与人交涉的过程中，有时会比能言善辩更重要。你尊重别人就能得到别人的尊重，聆听的过程就是对讲话者无言的尊重。

有许多人不喜欢发言，但是并没有获得成功，除了其他因素之外，最大的原因是没有去认真地聆听。真正的聆听是积极地听，而不是无动于衷、消极地听。每一个讲话者都希望听者对自己的话题和内容作出某种积极的反应。聪明的聆听者，总是会使讲话的人感到被认可，他通过眼神、头部的细微动作，乃至坐姿把自己对听到的内容的感受和评价传递给讲话者，你的感受是肯定还是否定，都能使讲话者感知。

人在讲话的时候，大多用眼睛扫视听众的表情，如果你认为有那么多的听众，讲话者一定很难注意到某一个人的细微反应那就错了。其实，人在讲话的时候，大脑中枢神经处于高度的兴奋状态，此时脑部几乎把全部注意力集中在两个兴奋点上：一个是语言的组织和发送，另一个就是视觉信息的吸收。在接收信息这方面，由于视觉信息成为主要的信息来源，所以在讲话过程中，大脑中枢对视觉信息高度敏感，能观察到每一个听众的细微表情和动作，并在他们的脑中留下深刻的印象。

聆听别人讲话，要注意以下几点：

（1）应该正确挑选与讲话者的相对位置。一般来说，一个人在讲话的时候，跟前 8～12 米的范围内是他经常注意的地方，这个范围是使他眼部保持轻松的空间，不要选择背对讲话者或者坐在讲话者的背后。

（2）切忌在对方讲话的时候交头接耳、左顾右盼。否则，就会给人留下缺乏修养的印象，不要打盹、睡觉，除非你想表示对他的蔑视。

（3）让自己的耳朵竖起来，坐姿应该端正。自己的目光大多数时间要集中在讲话者的鼻梁一带，如果你与讲话者相距很近，一定注意不要紧紧盯着他的眼睛，因为，那样会使他觉得紧张，会分散他讲话的注意力。

（4）要不时地微微点头，表示你很赞成他的观点。在你觉得他的话有问题的时候，也不要摇头表示反对，更不能用斜视表示对他的话题不屑，最好是表现出思考的样子，让他觉得你在尽力去理解他的看法。

（5）要真正地用心去听，你可以不赞成他的观点，但千万不要心不在焉。如果你不打算认真听，还不如不到场，既然来了，就应该专注。

## 倾听是解决冲突的最好方法

在与顾客交涉时，你的顾客向你投诉，该怎么办？首先，你必须站在顾客的立场上去考虑问题。

倾听是解决冲突、矛盾，处理抱怨的最好方法之一。

一个牢骚满腹，甚至心怀怨恨的人，在一个有耐心、具有同情心的倾听者面前都常常会被软化而变得通情达理。

某电话公司曾碰到一个凶狠的客户。这位客户对电话公司的有关工作人员破口大骂，怒火中烧，威胁要拆毁电话。他拒绝付某种电信费用，说那是不公正的。他写信给报社，还向消费者协会投诉，到处告电话公司的状。电话公司为了解决这一麻烦，派了一位最善于倾听的"调解员"去会见这位客户。

这位"调解员"静静地听着那位暴怒的客户大声地抱怨，并对其表示同情，让他尽量把心中的不满发泄出来。3个小时过去了，调解员非常耐心地静静地听完了他的牢骚。此后，他还两次上门继续倾听这位客户的不满和抱怨。

当调解员再次上门去倾听他的牢骚时,那位顾客已经把这位调解员当做朋友看待了。

由于调解员利用了倾听的技巧,友善地疏导了暴怒顾客的不满,尊重了他的人格,并成了他的朋友,于是,这位暴怒的客户最终变得通情达理了,自愿把所有该付的费用都付清了。矛盾冲突就这样彻底解决了。

在实践中,有很多因素导致人们无法更好地倾听,可以归为以下几种:

(1)急于辩驳对方的观点,好像不尽早反对,就表示了自己的妥协。

(2)在所有的证据尚未拿出之前,轻易地作出结论。

(3)急于记住每一件事情,结果主要的事情反而没注意到。

(4)常常主观地认定谈话没有实际内容或没有兴趣,不注意倾听,或因一些其他事情分心。

(5)有时想越过难以应付的话题,忽略某些重要的叙述,因为它是由自己认为不重要的人说出的。

(6)有的人喜欢定式思维,不论别人讲什么,他都马上用自己的经验往上套,用自己的方式去理解。这种思维方式使人难以接受新的信息,不善于认真倾听别人说什么,而喜欢告诉别人怎么做。

## 说得越多越容易出错

许多人为了使别人认同自己,总是在与人交谈时说得过多。其实,这样的做法往往得不偿失。所谓"言多必失",说得越多,就越容易出错。

台湾有一个印刷业的老板，在经营了多年之后萌发了退休的念头。他原来从美国购进了一批印刷机器，经过几年使用后，扣除磨损费应该还有250万美元的价值。他在心中打定主意，在出售这批机器的时候，一定不能以低于这250万的价格出让。有一个买主在谈判的时候，针对这批机器的各种问题滔滔不绝地讲了很多缺点和不足，让这位老板十分恼火。但是，他在自己刚要发作的时候，突然想起自己250万美元的底价，于是又冷静了下来，一言不发，看着那个人继续滔滔不绝。结果到了最后，那人再没有说话的力气，突然蹦出一句："嘿，老兄，我看你这批机器我最多能够给你350万美元，再多的话我可真是不要了。"于是，这个老板很幸运地比计划多卖了整整100万美元。

"静者心多妙，飘然思不群"。太喜欢滔滔不绝说话的人往往也是沉不住气的人，这种人在冷静的人面前最容易失败，因为，急躁的心情已经占据了他们的心灵，他们没有时间考虑自己的处境和地位，更不会静下心来认真地思索有效的对策。在这次讨价还价中，买主正是犯了这样的错误，不等对方发言，就迫不及待地提出建议价格，最后自己拿空子给别人钻。

著名作家大仲马说过："不管一个人说得多好，你要记住，当他说得太多的时候，终究会说出蠢话来。"我们每个人都应牢牢记住这句至理名言。慎言胜善辩。夸夸其谈是不足取的，而那些能够做出大事的人往往话并不是很多。

少说话的人有更多的时间静静思考，因此，说出来的话也更为精彩。我们应该少说话，尤其是当有比自己更有经验，或者更了解情况的人在场时，如果说多了，就等于自暴其短，同时，也失去了一个获得知识和经验的机会。

某位职业经理人被一家大公司聘用为销售经理。但是，他对公司具体的推销品牌和推销业务却基本上是一窍不通。当销售人员到他那里去汇报工作并征求建议时，他什么建议都无法提供，因为，他自己一无所知，然而，这个人却是一个懂得如何倾听的高手。当手下的推销员问他问题时，他都会回答："你自己认为应该怎么做呢？"那些人自然就会说出他们的想法和解决方案，他接着就点头表示同意，然后，下属们就满意地离开了。他们都认为他是一个优秀的销售经理。

可见，说话少有时候比说话多更有效，那么，在日常生活中，我们在什么情况下应当少说多听呢？

（1）具备优势的时候需要少说话。"天地有大美而不言"。太阳不语，自是一种光辉；高山不语，自是一种巍峨；蓝天不语，自是一种高远……人也一样，桃李不言，下自成蹊。

（2）取得成绩的时候需要少说话。面对成绩和掌声，成功者报以深深的一躬。这是无声的语言，是恰到好处的沉默。

（3）遭受挫折的时候需要少说话。在失败和厄运面前，拭去眼泪，咬紧牙关，默默地总结教训，然后再投入新的战斗。

（4）等待时机时需要少说话。造化总是把机会赠送给有充分准备的人，怨天尤人无济于事，不断充实和完善自己才是可靠的。

（5）他人承担痛苦的时候需要少说话。如果亲友沉浸在不能自拔的悲伤之中，此刻，无论你说什么，他们都听不进去，那就默默地陪他度过一段时光，默默地为他做一些事情。

（6）别人说话的时候需要少说话。不要随便打断别人的话，而要善于倾听，从倾听中吸取智慧，弥补纰漏，建立信任。

## 倾听能使感情融洽

当面交流是一个完整的双向沟通过程，不但可以随时交换信息，获得对方及时反馈，而且，可以捕捉对方的思想和情感，所得到的信息量是最大的，沟通的效果也最好。

因此，高效的管理者应是主动的倾听者。他们不等员工来找他们，就会作出主动的努力，通过提问来获取人们的想法和感受。

高效的管理者会形成一种惯例，他们面见员工问一些问题，直到集齐所有的事实才作出反应。如果不知道自己的人在想什么，有什么感觉，他们会问——然后倾听。

某公司有一条规定：公司内同一部门的员工，上班时间不允许用电话或 E-mail 交流，只允许面对面沟通。这条规定用心良苦，其目的就是为了使员工在沟通时学会倾听对方的话，从而增进员工之间的情感和友谊。当然，这条规定也产生了非常好的效果，那就是公司内部所有员工都学会了倾听，并使相互之间的感情变得融洽。

在电子沟通日益普及的今天，人和人之间的了解、情感和信任度越来越淡化。作为管理者，尤其要意识到当面交谈的重要性。一次完整的会见包括以下 5 个方面的内容：

1. 确定沟通的目标

确定要和谁面谈，在沟通过程中要达到一个什么效果。然后制订计划，重要的会见还要准备一些谈话资料，还要对可能发生的异议和争执进行预料和准备。

2. 在倾听中确认对方的沟通需求

在沟通过程中，通过有效倾听和提问的方式，确认对方的沟通目标。

3. 阐明自己的观点

尽量采取让对方接受的方式，把自己的见解和理由说出来。

4. 处理异议

这是沟通中重要的一环。双方意见难免会有不同，异议处理得是否恰当，关系到会见的效果如何。

5. 达成共识

异议处理得妥当，达成共识也就是顺理成章的事情。最后别忘了感谢、赞美交谈者，让会见画上一个完美的句号。

## 在倾听中多肯定他人

在人与人的交往中，我们每一个人都渴望被尊重，渴望得到他人的认可。但是，要知道，在为人处世中，我们只有首先尊重对方，努力使他人感受到自己的尊严，才能得到他人的认可，并与之形成一种共识。

那么，我们如何与他人在尊重与平等中达成共识呢？肯定他人的存在，尊重他人的意见，承认他人的优点，懂得倾听他人的意见与看法。

爱默生说:"我遇到的每一个人都在某方面超过了我。我努力在这方面向他学习。"但也有这样一些人,他们毫无根据地以为自己是杰出的人,还凭空狂妄自大。

如果你想让他人感到高兴,不妨这样做:

(1)不在争论中抢占上风。成大事的人是很少与人争吵的。

本杰明·富兰克林说:"如果你与人争论和提出异议,有时也可取胜,但这是毫无意义的胜利,因为你永远也不能争得发怒的对手对你的友善态度。"

请好好思考思考,你更想得到什么呢?是想得到表面的胜利还是别人的支持?二者兼得的事是很罕见的。

在争论中你的意见可能是正确的,但要改变一个人的看法,却并不容易。

(2)不坐满整张椅子。假如你正在很认真地向一个人解说某件事,对方却深深地靠入沙发中,并且还把上半身也深深地陷入沙发中,你会有什么感受?如果对方是上司,那还没什么话说;如果是同事,你可能就会对他说:"你能不能认真地听我说?"为什么生气呢?因为将身体深深地陷入沙发这一姿势,在别人的眼中,看起来就是一种极不认真的态度。

相反,只取椅面的前三分之一部分来坐,给人的印象会更好。尤其是采用这种坐姿时,身体的上半身会自然地前倾,这样会给对方留下聚精会神的感觉和做事积极的印象。

(3)边听边记笔记。在你讲演时,或许有一些听众拿着笔记本边听边记,你就会不由得对这些人产生好感。

因为记笔记不但表示想要留下一份记录，还显示了想将对方所说的话纳其精华的积极态度。

当然，任何人都不想把没用的话记下来，也就是说，我们做笔记意味着已经认同对方说话的内容，是尊重对方的一种表现。

好好利用这种心理，可以使对方感受到我们的诚意。通常上司对我们说话时，就是再无聊的话我们也不得不听，此时若能采用记笔记的方式，不但能消除无聊感，还可以给上司留下好印象。

# 第六章　倾听是建立人际关系的基石

## 倾听来自低层的意见

许多人在人际交往中犯了大错——把双方关系变成老师和学生一般。尤其是地位较高的人在地位较低的人面前，好像只要有一张会说话的嘴巴就够了，根本没心思听对方说什么。虽然老师一般都是站得高高的，并且包办大部分话语权，但一位好老师也知道如何去倾听学生说话。单方面的说和听会使得双方产生敌对的关系，使得有效的沟通中断，最后变成谁也不听谁的。

在你打过交道和正打交道的人中，最让你讨厌的几个人是谁？他们十有八九是一些只顾自己发表高见，根本无心听你说些什么的家伙。

你再想想，最让你喜欢的几个人又是谁？他们十有八九是乐意听你倾诉的人。

为什么倾听更易引起别人的好感呢？原因很简单：你能够耐着性子听人说个不停，表明你重视他的意见，关心他的感受，他当然喜欢你。

倾听不只是能让人喜欢，还有很多现实上的好处：

（1）能听到许多有价值的信息。平时你收集和筛选信息要花很多时间，现在别人将经过筛选的信息告诉你，当然是一大收获。

（2）有利于了解对方。这也是识人的方法之一。很多领导者都是多听少说的人，这样使他对下属了如指掌，自己却能保持某种神秘感。

（3）有利于了解更多的思考问题的方法。每个人的思考模式都不相同，对问题有自己独特的看法。通过倾听，就能知道许多跟自己不一样的思考方法，其中一定有值得自己借鉴的东西。那些少说多听的人显得比一般人有头脑，其原因也在于此。

俗话说："一处不到一处迷"，很多事不是凭自己的聪明就能想象得到的，一定要去见识一番才会了解情况。可是全靠自己凭胆量去闯，受伤的机会就比较多了，你怎么知道那个陌生的地方没有陷阱荆棘，没有毒虫猛兽？若是向过来人问一问，安全系数就大大提高了。

有一个年轻人想独立创业，开一家服装店。母亲知道他这个创业计划后，劝他说："你叔叔以前做过好多年生意，现在不做了，经验还在，你不如去向他请教请教。"

年轻人心想，叔叔做生意都是几年前的事了，他那点老经验拿到网络时代来用，只怕过时得太久了，他决定按自己的思路做。

年轻人租了一个临街的门面，周围只有几家食品店和百货店。他想，在这儿开服装店，没有竞争对手，生意肯定错不了。没想到，开业后，他的生意十分冷清，别说买主，连进来瞧一瞧的人都很少。母亲替他请来叔叔，帮忙寻找生意不景气的原因。叔叔看了一眼就说："你这地方开服装店不行，周围一家服装店也没有，不招客。"

年轻人奇怪地问："为什么？"

"你的店面小，花色品种有限，对顾客的吸引力本来就不大，加上没有对手竞争，价格没有比较，顾客怎么愿意来呢？"年轻人心想：看来这位老同志的经验还没有完全过时，说得还是有点道理的。后来，他在叔叔的指点下，在另一个地点新开了一家服装店，这回生意做得很不错，现在已扩大成服装超市了。

好主意常常装在一个不如自己的脑袋里。

聪明人有聪明人的思考模式，他们的主意的确比较多，对大局的了解也比一般人清楚，可是对那些涉及最基层民众或最直接的消费者的具体问题，他们就未必能想到了。

所以，为了使决策更科学、更切合实际，有必要倾听来自低层的意见——别看那个员工整天坐在机床前闷头干活，像一台没有思想的机器，说不定他的脑袋里就装着一个意想不到的好主意呢！

美国"石油大王"盖蒂曾买了一块石油蕴藏量极丰富的土地。可是它太小了，夹在别人的地中间，只有一条极狭窄的通道，根本无法修一条铁路运送笨重的钻井设备。眼看别人的钻井都竖起来了，盖蒂却一筹莫展，只好去向员工讨主意。一位老工人说："也许可以定制一套小型设备，建一座小型钻井。这样可以降低运输难度。"盖蒂心里一亮：既然可以定制一套小型设备，为什么不可以修一条较窄的铁路呢？结果，这个超常规的主意解决了盖蒂的所有难题，他最终在这块地上竖起了油井，并赚得几百万美元。

正因为低层员工经常能想到高层管理人员想不到的好主意，所以，国外众多优秀公司特别重视疏通从高层到最低层的沟通渠道，使各种好主意和好建议尽快地变成公司的制度。比如：有的公司实行走动式办公，要求各级管理人员随时跟下属接触，最高领导也经常下基层巡视，与最低层员工交流。有的公司根本不给中下级管理人员设立办公室，要求他们经常跟普通员工在一起。有的公司实行"敞门式"办公，任何一级员工都可以随时走进总经理的办公室反映情况。有的公司召开决策会议时，邀请员工代表参加。无论采取什么方法，目的都是听到基层员工的意见。

基层才是产生智慧和艺术的最肥沃的土壤。2000多年前，曹刿说过一句很经典的话："肉食者鄙，未能远谋！"当一个人名重位尊、养尊处优时，智慧实际上已经大打折扣了，若不从基层吸取智慧，决策的科学性、艺术性是根本无法保障的。

## 善于倾听有助于广交朋友

有一句名言说得好："善言，能赢得听众；善听，才会赢得朋友。"

倾听就是最好的鼓励，这表示你对他的观点感兴趣，欣赏他说话的方式，甚至是欣赏他整个人。反之，你对一个人的谈话不感兴趣，很容易让他误以为你不喜欢他本人，尽管事实上并非如此，但他的感觉就是这样的，从而对你产生反感。

如果你希望别人喜欢你，尊重你，在背后称道你，这里有一个方法：耐心倾听对方的话，不管他说什么都兴味盎然，哪怕知道他将说什么也绝不打岔。你将发现，即使一个最不讲道理、最顽固的人，也会在一个有耐心、具有同情心的听者面前软化下来，变得像小猫一样乖顺。

反之，如果你希望别人躲闪你，轻视你，在背后嘲笑你，也有一个方法：绝不要听人家讲三句话以上，不断地谈论你自己。如果你知道别人所说的是什么，就不要等他说完。他不如你聪明，为什么要浪费你的时间倾听他的闲聊？

如果你这样做，你将发现，即使一个脾气最温和的人，也会在你面前变得轻率不恭、不近人情。

请记住，跟你谈话的人，对他自己、他的需求和他的问题，比对任何人任何事更感兴趣。他对自己的牙痛，比对非洲的40次地震更感兴趣。

因此，交际学上的一条最重要的规则是："做一个好的听者，鼓励他人谈论他们自己。"

有价值的人善于沉默，他们懂得在什么时候开口，在什么时候闭上嘴巴。

渴望拥有听众不只是孩子的愿望，成年人更需要别人的认同与欣赏。聪明人会耐心地做一个听众，鼓励别人表现自己。

在一个晚宴上，卡哈尔见到了一个著名的植物学家。卡哈尔以前并不认识这位植物学家，卡哈尔发现他很有意思，于是专注地坐在椅子边倾听他谈论大麻、印度花草以及室内花园。他还给卡哈尔讲了有关马铃薯的一些惊人故事。卡哈尔在这次晚宴上什么也没做，只顾专心地听那位植物学家谈话，听了好几个小时。

植物学家最后临别时向所有的人宣布"卡哈尔是最有意思"的人，是一个"最有意思的谈话家"。这似乎让人奇怪，卡哈尔自始至终只是一个倾听别人讲话的人，却被说成是"谈话家"。这就说明倾听也是一种交流，也是一种对话。

卡哈尔不只是专心听植物学家讲话，还不时地点头，暗示植物学家，他感到非常有意思，受益良多。卡哈尔还间接地告诉植物学家，他希望拥有他的知识。因此，卡哈尔被认为是一位优秀的谈话家，而事实上他只是一位好听众，鼓励别人开口而已。

拿破仑·希尔说："与人相处能不能成功，全看你能不能以同情的心理接受别人的观点。"

每天你所遇见的人中，有 5% 都渴望得到同情。而你给予同情的方式很简单，即倾听。而你得到的回报是爱和尊敬。

有一位主管，发现一位员工最近工作表现大不如前。他虽然对这位员工的业绩不满意，但并未打算急于责备。他把员工请到办公室，问："你一向对工作都很在意，从来不是一个马虎的人。但最近你好像很不开心……难道是家里出了什么事情吗？"

员工脸变红了，几分钟后，他才点头。

"我能帮忙吗？"主管又问。

"谢谢，不用。"接下来，员工开始滔滔不绝地谈他的苦恼。因为他发现他太太得了肝癌，而且是晚期。对这件事，谁也无能为力，主管只能默默听他述说。他们聊了一个多小时。谈话结束后，这位员工的情绪看起来好多了。后来，他的工作有了长足的改进。

## 做一个受人欢迎的听众

在生活中，有时倾听对方比倾吐自己更重要。善于倾听别人的发言，既反映出一个人的礼仪修养，也是一种高超的交际艺术。在社交场合，一个聚精会神的听众往往比一个慷慨激昂的演说家更受欢迎，他会使说话者感觉自己很重要。善于倾听别人的发言是对他人的尊重，有时还有助于问题的解决。在我们周围，有的人看似不喜欢说话，其实他们不是不喜欢，而是想找一个善于倾听他们说话的人，有了这样的人，他们的话就会滔滔不绝了。

父亲是位知识分子，为人古板，不喜与人交往，每次儿子来了熟人，父亲就独自躲到书房，很少与人打招呼。

一次，儿子的三个高中同学来到家里。大家一见分外亲热，其中有两位喜欢下棋，闲谈中都是些术语、行话，而另外一位对"黑白世界"一无所知，无聊中去了父亲的书房。外边这三位在棋局上杀得天昏地暗，没去管他。等玩够后，才从书房中把那个同学叫出来，令儿子吃惊的是：老父居然送出房门口，还问儿子为什么不留他们吃饭，临行还一再叮嘱：以后有空来玩。在儿子的记忆中这是父亲第一次留他的同学吃饭，而且以后还经常问及那位同学为什么不来玩。

儿子在惊叹之余，问及同学怎样赢得父亲的欣赏。结果那同学说："没什么呀！你们下棋我不懂，就去你父亲书房，见你父亲在看一本水利方面的书，就问你父亲是否搞水利的，然后就好奇地问长江大桥的桥墩怎么做的，你父亲就开始给我讲解，如何先将一个大铁筒插进去，将里面的水抽干，挖出稀泥，打地基，直到做好干透，再将铁筒抽掉，你父亲在说，而我只是认真听，也没说什么。"

其实说话不在多少，有时口若悬河、侃侃而谈的人只会引起别人的反感。真正会说话的人，首先是一个好的听众，故事中的同学能赢得父亲的欣赏，原因即在此。好的听众表现出的是对他人的尊敬，也是对他人暗示性的赞美。学会倾听别人说话，也是与人友好相处的一个重要途径。

富有魅力的人大多是善于倾听他人言谈的人。真正善听人言者比起善言者更能感动对方，更能唤起对方的亲近感。

平日我们也常听到有人抱怨，或者我们自己也一直在抱怨："为什么表达自己是那样的难。我总是那么笨嘴笨舌的，不善言谈，所以无法很好地与别人相处，人际关系也就总处理不好。"我想还是请你仔细地品味一下上面这段小故事吧。

不善言谈的人，往往亦是不善倾听他人言谈的人。因为他在交往中过于在意自己的行为，总是不断地惦念着：一定不能让对方笑话自己，要把话说得漂亮些，否则就得不到对方的认同。另外，他又为自己说话达不到那种理想程度而感到十分苦闷。这样，当然也就不会聚精会神地倾听对方说话了，免不了忽视对方，很难真正在听别人讲话，而只是随便地点头附和，心不在焉地听听而已，有时甚至不等对方把一段话说完就迫不及待地自己说了起来。这是一种只要求对方听自己说话的单方面的交谈方式。

我们这个时代，是一个自我张扬的时代，即人人都想张扬自我。假如人人都要张扬自我，自然就没有人会认真地倾听别人的言谈了。

的确，在今天，大多数人只知一味地张扬自我，而真心诚意地倾听对方陈述的人已很少见了。要做一个善听人言者，这比任何一个雄辩者都要更吸引人，同时这也是搞好人际关系的最有效的手段。

# 倾听是最精明的投资

领导者通过倾听下属对工作的看法和建议，能提高说话者的自信心和自尊心，加深彼此的感情，有效地激励下属的工作热情，增加其参与意识和进取意识，因而也就激发了对方的工作热情和负责精神。

很多人都有这样的经历：当别人正在认真倾听并理解我们的时候，我们会感到被尊重而更乐于倾诉。在《做遗忘的倾听艺术》这本书里，作者迈克尔·P.尼科尔斯解释了原因："在人的一生当中，最强烈的想法就是渴望得到别人理解……得到别人的倾听意味着我们受到了重视，对方了解我们的想法和感觉，最根本的是我们的话对他们来说很重要。"

美国企业界最成功的人士之一的玫琳·凯·阿什是玫琳·凯化妆公司的创始人。现在她的公司已拥有20万名职工，但她仍要求管理人员记住"倾听是最优先的事"，而且每个员工都可以直接向她陈述困难。她也专门抽出时间来聆听下属的讲述，并仔细记录。她对员工的意见和建议十分重视，在规定的时间内给予答复。玫琳·凯·阿什这样做的好处就是沟通了彼此的感情，倾诉者要求被重视的自尊心得到了满足。在很多情况下，倾诉者的目的就是要倾诉，要一吐为快，或许他们并没有更多的要求。日本、英国、美国等一些知名企业的管理人员常常在工作之余与下属职员一起喝几杯咖啡，就是让部下有一个倾诉的机会。

倾听对改变员工的一些不良行为也很有效。心理学家们认为，同直接争辩、批评的方式不同，主动倾听这种方式对下级的自我印象不构成威胁，从而下级也不必自我辩解或否认错误，这使他们能现实地探讨自己的行为，分析并得出结论，然后能使自己自我校正与改善。

管理过程就是调动人的积极性的过程。善于倾听的人能及时发现他人的长处，并创造条件让其积极性得以发挥作用。倾听本身也是一种鼓励方式，领导者认真倾听下属讲话，能使对方感到领导者十分重视自己的意见，产生被承认的满足感，从而加深彼此的信任感。

很多公司十分重视倾听，他们将倾听技巧融入业务实践中去，从而显著提高了员工们的工作能力和工作效率。

著名的HPM公司（美国的一家压模铸造公司）的首席执行官尼尔·卡迪沙这样向其员工解释他的倾听政策："谁也不用害怕来找我，尽可能向我提意见。我们公司的每个人，从门卫到公司最高管理层都可以来找我……我们是怀着敬意来领导别人的，而不是为了让别人惧怕我们。我们尊重每个员工的意见和建议，他们有权利抱怨或者生气，也有权利要求别人听他怎么说。"

如果你想要有所成就的话，那么要首先成为一个很好的倾听者。作为一个具备影响力的管理人员，你所能做的事情实际上也就是那么几件。

倾听是最精明的投资。倾听是没有成本的，它几乎完全无须付出代价。如果你是一个很好的倾听者，你就会得到宝贵的智力财富。通过倾听别人的不同意见，你会产生新的想法和创意；倾听那些与顾客进行直接接触的人的看法，你就会了解市场状况。认真去倾听，你会找到失败的原因，或者也可能会发现你以前一直不知道的市场盲点。

不要只顾自己说，换种方式，也去听听别人怎么说。倾听很可能是你成就公司美好未来的重要因素之一。

## 做好配角，满足他人

在人与人语言交流和人际交往过程中，只有尊重对方，他们的沟通才能顺利进行，从而形成良好的社交关系。如果总是反对对方的观点，压制对方，强迫对方服从自己，并且一味地宣扬自己的观点，那么，对方自然会对你产生敌对情绪，从而失去对你的信赖。因此，在与人的交流过程中，应该尊重他人的观点，做到有效倾听，并努力让对方感到主角是他。

在交流问题时，我们应留意对方的反应，尽量使对方心情舒畅。要让对方扮演主角就要准备多个"剧本"，因为不知交往会在何处受挫，所以就必须把能预测到的对方谈话内容写进"剧本"，然后自己根据"剧本"演好配角。

英格丽·褒曼在获得了两届奥斯卡最佳女主角奖后，又因在《东方快车谋杀案》中的精湛演技获得最佳女配角奖。然而，在她领奖时，她一再称赞与她角逐最佳女配角奖的弗伦汀娜·克蒂斯，认为真正获奖的应该是这位落选者，并由衷地说："原谅我，弗伦汀娜，我事先并没有打算获奖。"

褒曼作为获奖者，没有喋喋不休地叙述自己的成就与辉煌，而是对自己的对手推崇备至，极力维护了落选对手的面子。无论谁是这位对手，都会十分感激褒曼，会认定她是倾心的朋友。一个人能在获得荣誉的时刻，如此善待竞争对手，如此与伙伴贴心，实在是一种文明典雅的风度。

因此，为了维护良好的人际关系，你的一言一行都要为对方的感受着想。学会安抚对方的心灵，不可以使对方产生相形见绌的感觉。

经常可以看见一些人大谈自己的得意之事，这是不好的。对方不仅不会认为你是"了不起"的，甚至还会认为你是不成熟、卖弄过去好时光的人。所以，尽可能不要提自己的得意之事。遇到的每个人，你都应该认为他在某些方面比你优秀。而一个绝对可以赢得他欢心的方法是，以不着痕迹的方法让他明白，他在你看来是个重要的人物。

人类行为有一条重要的法则：如果你遵循它，就会为自己带来快乐；如果你违反了它，就会陷入无止境的挫折中。这条法则就是：尊重他人，满足对方的自我成就感。因为"人们最迫切的愿望，就是希望自己能受到重视"。

一位女士的宝贝女儿，从剑桥毕业回国之后在深圳一家金融机构供职，每月数万元的薪水。这位女士当然相当自豪，她面对亲朋好友时，言必称女儿的风光，语必道女儿的薪俸。偶然被女儿发觉，极力制止母亲，说总夸自己的女儿，突出自家好，人家会有什么感受，不要因此伤害了他人。

女儿的话在情在理。在叙述自我时，要防止过分突出自己，切勿使别人心理失衡，产生不快，以致影响了相互的关系。实际上，每个人都有自己的优点，都有值得被他人学习的长处。承认对方的重要性，并表达由衷的赞美，就能够化解许多冲突与紧张。

心理学家指出，心理上的自我需求就像生理上对食品的需求一样普遍。他们还指出，处于极度需求的自我心理状态是十分危险的。当你认识到这些事实后，你就会同意"控制他人的第一步就是要满足他们的自我需求"这个观点。

损害他人自尊心是导致人际关系不和谐的主要原因。如果你伤害了某人的自我意识，那么，就别指望能够控制他。相反，通过满足他的两项最重要的基本要求——欣赏和赞许，你就能大大提高他的自我意识。

另外，要以认真的态度对待任何人，而不能把他们以及与他们相关的事物视为可有可无。在人际交往中，没有什么比你表现出对他人的欣赏更具魅力了。你要让你所喜爱的人，你的同事，甚至你的上司都知道他们对于你来说是多么的有价值，多么的特殊。为了表现出你对他人的欣赏，你必须能够依照他们的观点而接受他们，不要总想着去改变任何人。尽管你也许不赞同他人的行为或者信仰，但你还是应该接受他们每一个人。

所以，如果你希望别人喜欢你，那你就要尊重别人，让对方认为自己是个重要人物，满足他们的成就感。

## 永远不要泄露秘密

富兰克林·罗斯福当了美国总统之后，有一个故友来访，这位故友来访的目的就是要从罗斯福这里探得一项秘密。这个秘密对那位故友很重要，但是，按照规定，他不应该知道。

那位故友调动一切人情因素，努力说服罗斯福把秘密透露给他。

罗斯福最后被逼得实在没有办法，就非常诚恳地问那位故友："你能保守秘密吗？"

"当然，能！"

"那么，当然，我也能。"

保守秘密对一个领导者来说相当重要，中国古代就有一句这样的话："君不密则失臣，臣不密则失身，几事不密，则成害。"说的便是保密的重要性。

有些男人从来不和他们的妻子讨论事业问题的一个原因是这些男人无法相信他们的太太不会把这些事情泄露给她的朋友。他们担心讲给自己太太听的每一件事情，都从她们的耳朵听进去而又从她们的嘴巴传出来。"我们家老李希望在王经理退休以后马上可以得到公司的经理职位。"这是在一次麻将桌上随口说出的话，但是第二天就有人打电话给老李的对手，于是老李就在完全不知道原因的情况下，被暗中排挤掉了。

拉里·伯德是美国职业篮球著名球星，当他进入 NBA 的时候，已经非常有名了。他的监护人希望能为他选一个出色的经纪人。当然，有很多人参与这场竞聘。

乔森也参加了这场竞聘，他是进入决赛的选手之一。委员会对他很满意，问了他最后一个问题："我们知道，你还是××的经纪人，我们想知道，拉里与他相比，究竟谁挣钱多一些？"

这是运动员的秘密，按照行规是不能公开的。但是，如果不回答，就面临一个风险，可能会惹恼委员会，从而失去机会。

乔森回答说："××是我的客户，我有责任为客户保守秘密。如果我成为拉里的经纪人，我也会为他保守秘密。我敢肯定，我会为拉里提供最好的服务。"

听了乔森的回答，委员会就让他退出来，继续下一个人的会谈。

一个小时之后，乔森房间的门铃响了，拉里与委员会的成员都走进来。

有一个委员对乔森说:"我们经过认真考虑,决定选择你做拉里的经纪人。"

拉里说:"我们相信你能做好。××是我的朋友,我不想知道他挣多少钱,我也不会与他攀比。"

乔森听了这话,高兴极了。

很明显,乔森的职业素质使自己赢得了尊重。如果会谈时把××的收入透露出来,确实回答了问题,但并不是成功的回答。

如果一个人好传话,说出他人的隐私,很容易破坏彼此间的感情。永远不要泄露秘密是成为一个好听众的必要条件。

# 第七章　倾听也要讲技巧

## 倾听不是简单地听

对我们大多数人来讲，倾听是从我们听到别人讲话声音开始的，但倾听并不能简单地等同于听。

国际倾听协会这样对倾听进行定义：倾听，是接收口头和非语言信息、确定其含义和对此作出反应的过程。第一个关于倾听的研究，是1926年保罗·伦根作的。他发现，人们在每10分钟里有7分钟用于听，即70%的清醒时间用于听。此后，在对蓝领和白领员工、售货员、家庭主妇、大学生和其他一些人所进行的研究中，该数据达到50%～80%。虽然人们把许多时间用于倾听，但大多数人的倾听效果并不理想。一般人仅能听懂对方所说的一半，理解那一半中的1/4，而记住的往往更少。多数人仅发挥了他们倾听能力的25%。

一般学者认为，"听"是人体感觉器官接收声音的过程，换句话说，"听"是人的感觉器官对声音的生理反应。只要耳朵听到别人谈话，我们就在"听"别人说话。

倾听与听不同，它包括用耳听、用眼观察、用嘴提问、用脑思考和用心灵感受。因此，倾听虽然以听声音为前提，但更重要的是我们对声音必须有所反应。倾听必须是主动参与的过程，在这个过程中，人必须思考、接收、理解，并作出必要的反馈。同时，倾听的对象不仅仅局限于声音，还包含理解别人的手势和面部表情等，从这方面来说，我们在倾听对方说话时，视觉接收到的信息也属于倾听内容。事实上，我们所说的话往往因我们的谈话方式而被赋予特殊的意义，仅听到词语往往很难断定讲话人的真实思想。例如，一位姑娘向一位男士说"讨厌"，如果她神色娇羞，那这位男士一定会欣喜若狂；如果她横眉冷目，那他最好还是躲开。

在沟通活动中，我们的倾听包含了几个具体过程：

1. 感知

对方发出信息，传到我们耳膜中，但听觉器官往往并非接收信息的唯一生理器官。我们的言语信息来自听觉，但倾听效果却是各种因素的综合。

2. 选择

并不是任何信息都为我们所接受，我们总是对一部分信息表示特别的关注和兴趣。

3. 组织

我们把杂乱无章的信息分门别类，集中贮藏起来，为下一步服务。

4. 解释或理解

在此环节中，我们搜寻已知信息，调动大脑贮存的知识和经验，通过判断、推理获得正确的解释或理解。

要改善自己的倾听效果，需要在倾听之前、倾听过程当中和倾听之后处处注意培养良好的倾听习惯。对照上面所列的要点，检查你在倾听中是否做得很好。

在现实生活中，他人的倾听对任何人来说都很重要。

在美国南北战争形势最错综复杂的时期，林肯写信邀请一位远在千里之外的老朋友来白宫，说有重要事情要和他讨论。那位老朋友千里迢迢来到白宫，一见面，林肯便开始分析若干重大决策可行与不可行的理由，甚至提到发表"解放黑奴宣言"的可行性。林肯一直滔滔不绝地说个不停，那位老朋友连插话的机会都没有。直到数小时后，林肯与那位老朋友握手道别，仍没有问及对方的一点看法。

后来，林肯在回忆录中说，当时他自己的心理压力极大，非常想找一个能够让他尽情吐露心声的人，他并不需要任何忠告，所需要的只是一个友善、深具耐心，并且能够保守秘密的倾听者，在林肯的印象中，这位老朋友是最佳人选，于是，林肯便把他招了来。一番倾诉以后，林肯的心境平稳多了。

倾听之道在于专注。很多时候，倾诉者并不需要倾听者的建议，倾诉者自己常常已经有了一个，或不只一个解决方法，倾听者存在的全部意义就在于倾听倾诉者的心声。

## 掌握倾听的技巧

其实，倾听并不是被动地接受，而是一种主动行为。因为，任何一个倾听者都不是机械地"竖起耳朵"，在听的过程中他的大脑要思考，不但要跟上倾诉者的故事情节、思想内涵，还要跟得上对方的情感深度，在适当的时机提问、解释，使得会谈能够一步步深入下去。

艾略特就是一个熟练的倾听艺术大师。美国著名小说家亨利·詹姆士回忆说：艾略特的倾听并不是沉默的，而是以活动的形式。他直挺挺地坐着，手放在膝上，除了拇指或急或缓地绕来绕去，没有其他的动作。他面对着对方，似乎是用眼睛和耳朵一起听他说话。他专心地听着，并一边听一边用心地想你所说的话。最后，这个对他说话的人会觉得，他已说了他要讲的话。

具体来说，积极的倾听需要掌握如下要领：

1. 保持高度兴趣

如果你没有时间，或别的原因不想倾听某人谈话，最好客气地提出来："对不起，我很想听你说，但我今天还有两件事必须完成。"如果你一边听，一边翻书或做别的，想别的。你的举动逃脱不了说话人的眼睛。说话人会对你的态度产生很大的不满。我们倾听他人谈话应该是真心真意的，并集中注意力。

2. 要有耐心

鼓励对方把话说完，直到听懂全部意思。遇到你不能接受的观点，甚至有伤你的某些感情的话，你也得耐心听完。你不一定要同意对方观点，但可表示理解。一定要想办法让说话人把话说完，否则你无法达到倾听的目的。

3. 避免不良习惯

随便插话打岔、改变说话人的思路和话题、任意评论和表态，把话题拉到自己的事情上来、一心二用做其他事等,这些都是常见的妨碍倾听的不良习惯。

4. 进行积极反馈

倾听时,脸向着说话者,眼睛看着说话人,以简单的语言或手势、点头微笑等进行适时的鼓励,表示你的理解或共鸣。让说话人知道,你在认真地听,并且听懂了。如果某个意思没听懂,你可以要求说话人重复一遍,或解释一下。这样说话人能顺利地把话说下去。

倾听不仅是一种交往态度,也是一种需要训练的技艺。许多接受过心理咨询的人都会体验到,一个好的心理医生就是一个最好的听众。他们总是积极关注着你的发言,并且从不将自己的观念强加到你的头上。他们积极地诱导你、鼓励你说出心中的苦闷、迷茫。他们为你的悲伤而悲伤,为你的快乐而快乐。你必然在与他们短暂的交往中,对他们产生好感。

他们为何能达到如此境界呢?这当然是训练的结果。当然,只要你有了重视倾听的观念,掌握技巧已经不再是难事了!

## 注意回应的方式

对在倾听时所收集的信息如何评估和分析呢?哪些信息是可以收进来的?哪些信息是可以相信的?哪些信息是可以用的?我们都必须作出正确的评估和分析。

从前有一个村子,村里住着一个老人。有人怀疑他受到皇上迫害才到村子里隐居，因为他学问很好，好像做过官。有一天，一个年轻人来找他，进门就说："老人家，我告诉你一个天大的消息。"老人就问："这个消息重要吗？"年轻人愣了一下说："不是很重要。"老人又问："这个消息真实吗？"年轻人说："我也是听来的，不知道是不是真实的。"老人又问："这个消息对我有好处吗？"年轻人说："没什么好处，八卦新闻，有什么好处！"老人便说："既然不重要，也不真实，又没好处，那你还是别说了吧，说了只是增加困扰罢了。"

这就是收集信息需要注意的部分，收集的信息要重要、要真实、要有用处。

为什么老人家要这样问呢？古语说："多言取厌，虚言取薄，轻言取侮。"不该说的你偏说，人家讨厌；说的东西不真实，只能说明你轻薄浮躁；事情不是善意的，而且也不是很重要的，讲出来对谁都没有好处。但是，我们评估信息的时候，往往靠主观的印象。很多时候，我们不自觉地在一开始就判断这段信息该听或者不该听，这是很危险的事情。因为，当你选择该不该听的时候，已经造成了主观的判断，因此，还需要像老人那样询问一番。

## 主动倾听的技巧

主动倾听的技巧被分成了三个类型：

1. 使用有效的"关注技巧"

"关注技巧"指的是表明自己正在倾听的非语言信号，换句话说，"关注技巧"造成一种倾听的"样子"。

你通常能够分辨出对方是不是正在倾听你的谈话。同样，其他人也能够看出你是不是在听。因为有效倾听的一个重要方面就是通过表现出你重视对方的谈话，达到鼓励对方讲话的目的，所以让自己看起来正在认真倾听是人与人沟通成功的第一步。换句话说，倾听还不够，你必须看起来是在认真听。

你可以通过下列方式来显示你对谈话的兴趣：

（1）保持投入的姿势。摆正你的肩膀，让自己直接面对讲话者。不要转向一边，甚至给人"冰冷的背影"。如果你坐着，就应当适当前倾。不要玩弄手指、戒指、笔、头发或其他物品。不要踮脚或两腿晃荡。根据讲话者的动作，自然地作出相应反应。

（2）看着讲话者。虽然不必目不转睛地几乎要在对方头颅上盯穿个洞，但倾听的时候应当看着对方的眼睛和脸部。根据西方的文化，眼睛的直视表示信任。作为一名倾听者，若有 20% 的时间都没有看着对方，就表示你缺少兴趣和投入度。通过关注讲话者，你不仅表现出你对谈话的兴趣，而且能够通过非语言行为获得信息。

（3）选择一个合适的环境。如果希望一次面对面的沟通取得成效，你就应当选择一个能够让你集中精力倾听的场所。

（4）减少干扰。选择一个位置，不要受到电话、电脑或干扰者的影响。关上办公室的门，并关闭那些需要时常留意的现代办公设备。因为这些干扰将分散你的注意力并打断讲话者的谈话。

（5）考虑空间布局。要根据你沟通的目的来选择合适的空间安排。比如，进行非正式的交谈或者你想建立友谊，那么在你和讲话者之间最好不要有桌子等隔离物。对于正式的谈话或者传达命令，你就应当选择坐到桌子后面。同样，还应当考虑你和讲话者之间的距离，要选择一个使人感到舒适的距离。

2."跟进技巧"保持亲和力

跟进技巧对讲话者能起到鼓励的作用。这些技巧包括以一种使讲话者感到舒适的方式开始沟通，并使用非语言行为和语言鼓励来促使讲话者继续说话。有效跟进的关键就是要平衡好语言鼓励和保持沉默两者之间的关系。因此，需要综合运用这些技巧。

（1）打开倾听之门。要让讲话者知道你已经准备并愿意倾听。当你为倾听打开方便之门的时候，你的目标就是让对方知道你愿意和他分享他所拥有的想法。

①如何通过说话开场。绝大多数开场白都是简单的表述或者一些坦率和受欢迎的问题。"喂，最近怎么样？""想说点儿什么？""你看起来有些心事啊！"以及"跟我说说看吧"，这些都是可以引发非正式交谈的开场白。对于那些相对正式的交谈，比如说磋商、工作评估或者面试，可能需要更为直接和特殊的开场白，例如，"我们来谈谈你的工作目标，我想知道你的想法"或者"请对我讲述一下你的背景"。

②如何通过非语言行为开场。一个不通过语言表述的开场白可以是指一下座位并通过目光接触来表明你愿意倾听。

（2）需要避免的做法。要当心导致交谈失败的东西，比如说批评或者将注意力转移到自己身上。当你打开倾听之门的时候，你的目标就是与对方分享他的想法。

（3）使用少许鼓励。"少许鼓励"是指使用语言或非语言信号来表明你对讲话人所说内容的逻辑和所包含的感情十分关注。对一些人来说，语言鼓励传达了对讲话者的真正支持。有些讲话者正是依靠这种互动来激发其继续讲话的动力的。

（4）该做什么。典型的非语言的鼓励包括：笑容、点头，听到吃惊的消息时扬一下眉毛，听到令人烦忧的事情时同情地蹙眉头，而且可以通过面部表情来表示对谈话内容的理解。语言性的赞许可以是"哦"，也可以是"真的吗"、"我明白您的意思"。

（5）保持沉默。显而易见的是，对很多倾听者来说，最大的挑战是如何保持安静并让对方说话。进行有效倾听的情形有别于很随意的交谈，在后一种场合下，你自在到可以随时跳起来。相反，要想进行有效的倾听，你有时候必须保持沉默。不可以为了控制谈话的主动权而打断对方的谈话。要留心对方的谈话风格和节奏，并让对方有时间继续谈话。要等待，让对方讲话。

（6）间或提跟进性的问题。有时候讲话者需要你提更多跟进性的问题来表明你对谈话内容的兴趣。知道该在什么时候插话而不喧宾夺主并非易事，但如果讲话者似乎要停顿下来或者专注于你的反应，你就可以问下面一些问题来鼓励他，比如，"那么，后来又发生了些什么？"或者"那事怎么样了？"努力围绕谈话者的内容和感受提一些问题，不要出于个人目的而对谈话者进行质问。

3. 反馈技巧

反馈让你能够检查你是否准确地领会了讲话者试图表述的意思。这是你向讲话者表明你已经接到了讲话者信息的机会。反馈技巧主要包括以下几点：

（1）阐述。所谓阐述就是使用自己的语言将讲话者讲的内容作简单的复述。讲话者对实际情形的描述通常只是接近于他真正的想法和感受。阐述能够帮助讲话者和倾听者澄清所讲的内容。

对有些人而言，阐述似乎显得麻烦和不必要：我有必要将其他人刚告诉我的内容再重复一遍吗？作为一个倾听者，你阐述的目的是理解讲话者的意思并"正确领会"。阐述行为可澄清你对讲述内容的理解，并向讲话者表明你在意他所讲述的内容。此外，阐述能帮助你分辨和记忆关键性的信息，不管这些信息是理性的，还是感性的，也不管是直接说出来的，还是仅仅是暗示而已。

阐述的时候，要善于体会言外之意，并对全部信息有一个大致的理解。你可以从诸多细节中分辨出讲话者的主要信息，然后再进行阐述：比如，"看起来你上次和客户的会面很愉快，对吧？"如果这是对讲话者所述内容的正确解释，他就会示意正确并继续讲话；如果你的阐述不正确或不完整，他就会进行澄清和补充。

（2）概括总结。概括性的说明可能是很多句，它是将前面的诸多阐述压缩后，集中在一起，形成一个总的阐述。这样的说明可能指出了讲话者所讲述的一系列连贯主题。不要使用概括性的说明来质询讲话者，概括说明的目的不是去揭露讲话者概念和判断上的漏洞，相反，它是用来诠释讲话者内容的语句，如："哦，总之，这是我听你说的。"

通过对对方讲话内容的概括总结，你能帮助他更好地理解自己的想法和感受。有效的概括说明能使讲话者辨别他自己想法中的主题和一致性。概括总结能够使讲话者更清楚地看到自己所关注的东西。

# 第八章　倾听的核心是忘却自己

## 用心去倾听

在不同的时间与情况下人们常以不同的方式去听一些声音。有些场合，我们听得很专心，有些场合，我们却心不在焉。例如，有些人在公司能够很专心地听上司或老板的讲话，但回到家里，却对家人的话充耳不闻。

有效倾听的缺乏往往导致错失良机，产生误解、冲突和拙劣的决策，或者因问题没有及时发现而导致危机。有效的倾听是可以通过学习而获得的技巧。认识自己的倾听行为将有助于你成为一名高效率的倾听者。按照影响倾听效率的行为特征，倾听可以分为三个层次。一个人从第一层次上升到第三层次的过程，就是其沟通能力、交流效率不断提高的过程。

第一层次：在这个层次上，听者完全没有注意说话人所说的话，假装在听，其实却在考虑其他毫无关联的事情，或内心想着辩驳，他更感兴趣的不是听，而是说。这一层次包括三种方式：①表面上听，知道眼前有人在说话，但却只是关心自己心里正在想的事情；②半听半不听，为了要找寻自己发言的机会，所以不得不偶尔听一下人家在讲什么；③安静而消极地听，听是听了，但没有反应，没有几句话真的被听进去。这一层次的倾听者可能眼睛瞪着说话的人，但他更在乎的是自己的心情，而对别人的话并不在意。这种层次上的倾听，导致的是关系的破裂、冲突的出现和拙劣决策的制定。

第二层次：在这一层次下，人们只能作肤浅的沟通，听到讲话者的声音，也听到他的话了，但听得还不够深刻，没有理解其真正的含义。听者主要倾听所说的字词和内容，但很多时候还是错过了讲话者通过语调、身体姿势、手势、脸部表情和眼神所表达的意思。这将导致误解、错误的举动、时间的浪费和对情感的忽略。这一层次的人表面上看起来是在听，有时也会通过点头同意来表示正在倾听，好像是理解了，而实际上并非如此。于是，彼此之间的误会很容易在不知不觉中发生。

第三层次：这一层次的人专心而有效地倾听，表现出一个优秀倾听者的特征。这种人带着理解和尊重倾听，把自己放在讲话者的立场，试图以讲话者的观点去看待事情。这种倾听者清楚自己个人的喜好，避免对说话者作出武断的评价；对于激烈的言语，能掌控自我情绪，不受负面的影响；不急于作出判断，而是感同身受对方的情感；询问而不辩解、设身处地看待人和事物。

在说话者的信息中寻找感兴趣的部分，他们认为这是获取新的有用信息的契机。高效率的倾听者清楚自己的个人喜好和态度，能够更好地避免对说话者作出武断的评价或是受过激言语的影响。不让自己分心，不断章取义，不忽视言辞以外的信息（如讲话者的身体动作等）。

倾听对管理人员至关重要。当一个员工明白自己谈话的对象是一个倾听者而不是一个等着作出判断的管理人员时，他们会不隐讳地给出建议，分享情感。这样，管理人员和员工之间能创造性地解决问题，而不是互相推诿、指责。

大概80%的人只能做到层次一和层次二的倾听，在层次三上的倾听只有20%的人能做到。如何实现高层次的倾听呢？以下几点可供借鉴：

（1）以一种关心的态度，让说话者试探你的意见和情感，同时感受到你是以一种非裁决的、非评判的姿态出现。不要立即问一大堆的问题。

（2）带着理解和相互尊重进行倾听。

（3）透过非语言行为，如目光接触、某个放松的姿势、某种友好的脸部表情和宜人的语调，可建立积极和谐的氛围。轻松、专注的表现，可使对方感到安全和被看重。

（4）表现得像面镜子。回馈你认为对方当时正在考虑的内容，总结说话者的内容以确认你完全理解他所说的话，如"我想你刚才是要告诉我……"

（5）避免先入为主，过早下结论。以个人态度投入问题时，往往导致愤怒甚至受伤。

（6）用简单的语句认同对方的陈述，例如"嗯""噢""我明白""是的"或"有意思"等；还有"说来听听""我们讨论讨论""我想听听你的想法"或者"我对你说的话很感兴趣"等，鼓励说话者谈论更详尽的内容。

（7）细心观察对方的声调和肢体语言。倾听是领导者的一种交流手段，为了提高倾听效率，领导者要有意识地锻炼自己的听话能力与听话技巧。

当然，要做到以上几点不是一件容易的事，有许多人在听完对方的长篇大论、唾沫横飞的表达之后，还是一头雾水地频频追问："你到底说了些什么？"这是因为我们中的大多数没有或很少受到听话的训练，缺乏听者应该具有的能力——用心倾听。

## 用情去倾听

为了尽量明白说话者所说的意思，我们需要用情倾听。当我们设身处地地为别人着想时，我们便具有了同情心。同情心并不意味着全盘接受，而是表示我们愿意去了解别人的观点。

其实，要做到在深入了解对方的情绪和思想的基础上实现有效沟通，除了要听人们讲的话，还要注意他们是如何表达的。作为听者，我们要做的是把自己的情感放在一边而投入对方的情感中。移情式的倾听表达的是对他人的关心，对他人所牵挂的事的关心。为了做到这一点，你需要识别情感，让说话者告诉你发生了什么，然后鼓励他们去发现问题的解决办法。

我们中的大多数人不是抱着了解别人的目的去听他人说话，他们听人说话的目的是回答。他们不是在讲话，就是在准备讲话。他们拿自己的经历去理解别人的生活。例如，他们总是会说："哦，我清楚地知道你会有什么感觉！""我也经历过相同的事情，我来告诉你我的经验。"

他们总是用自己的经历来衡量别人的行为，给所有的人开的处方就是他们自己的经验。

有一位父亲找到一位咨询专家,并向他请求帮助说:"我真不理解我的孩子,他根本不愿听我的话。"

"让我来重复一下你刚才说的话,"专家回答说,"你不理解你的儿子,因为他不肯听你的话。"

"是的。"他回答说。

"让我来再试一遍,"专家说,"你不理解你的儿子是因为他不肯听你的话。"

"我是这么说的。"他不耐烦地回答说。

"我认为要理解另一个人,你必须听他说。"专家说。

"哦!"他说。在停顿了很长时间之后他又说了一声:"哦!"仿佛恍然大悟似的,"是这样的。不过我了解他。我知道他正在经历什么事情。我自己也经历过同样的事情。我想,我所不理解的是他为什么不愿意听我说。"

这个人其实一点也不知道他儿子头脑里到底想的是什么。他只从自己的头脑里找答案,还以为看透了世界,包括他的儿子。

进行移情式倾听时,我们必须暂时淡化自我意识,使自己沉浸在与对方的谈话中。要使对方可以发泄情绪,觉得自己真正被了解了,而不是被评判。有效的移情技巧必须建立在关心他人及真心想了解他人的基础上。下面是倾听他人情感、表达关注的几个要点。

1. 面对你的交谈者

正面对着一个人往往被认为是一种投入的基本姿势,它似乎是在说:"我同你在一起,你随时可以得到我的帮助。"你一边与一个人说话,一边却将身体转开，这可能会降低你与他接触的程度。即使当人们围成一个圆圈的时候，我们通常也会尽力以某种方式转向正在与我们进行交谈的人。

## 2. 保持良好的目光接触

处于深谈中的人保持相当稳定的目光接触并非不自然，这同盯着别人看是两码事。当然，你偶尔将目光投向远处，并不违反这一含义，但是你的目光不断地飘向别处，你的行动便给出了不情愿与对方在一起或对他的事不感兴趣的暗示，或者，这也是你有些不舒服的表示。

## 3. 经常将身体倾向对方

这是表达关注的可行方法。只要注意一下两个亲密交谈的人，我们就会发现他们都倚靠在桌子上，向对方倾斜，自然而然地表现出关心。人们往往将轻度地倾向某人看作："我对你所说的感兴趣。"往后仰，最严重的是斜靠，这可能表示："我的心没有完全在这儿。"或"我有点厌烦了。"但是过于前倾，有可能吓着对方，这会被当做一种向对方要求得到某种接近或亲密的方式。

## 4. 开放的姿势

双手双脚的交叉有削弱你给他人的关心和提供帮助的感觉。而开放的姿势可成为一个信号，显示你对当事人和他的信息持接纳的态度。开放的姿势通常被看作一种非戒备的姿态。

## 5. 做到相对的放松和自然而然

放松所含的意味，其一是不要表现出局促不安或不自然的面部表情，否则对方会奇怪是什么让你感到那么紧张；其二是指你的身体动作应显得轻松自如。当你轻松自如时，对方也容易变得轻松自如。

6. 做到暂时忘我

目的在于使说话者被了解，因此要在倾听中恰当地表达出你对他的理解。这种表达可以是重复对方的字句，只是重复字句，而不是表达自己的感受；也可以重复对方所说的内容，比如用自己的话总结大意。需要表达自己的感受时，一定要深入了解对方的含义，并捕捉对方通过身体语言及音调所表达出来的感受，用自己的语言来表达对方的意思和感受。

在做到忘我地倾听时，我们不必搬出自己的经历，不必去臆测别人的想法、感情和动机，相反，我们要了解的是那个人头脑里和心灵上的实际情况。倾听是为了理解，我们关注的是与另一个人心灵的深刻交流。

当我们设身处地地倾听另一个人的讲话时，就会使那个人得到心理上的尊重。当那个至关重要的需求得到满足之后，我们就可以集中精力来施加影响，或者解决问题。

## 倾听要考虑场合

其实，真正集中精力听别人说话是一件很困难、辛苦的事。一般来说，听的人要比说的人累得多。所以，当人已经很疲劳了却又不得不听别人讲话时，恐怕没有人会不感到厌烦。有人做过研究，全神贯注地听别人讲话，最多只能维持 1 小时。因此，专业的心理咨询师每一次和病人的谈话时间为 50~60 分钟。

我们都遇到过这种情况，当我们下班回到家觉得终于可以喘一口气的时候，你的孩子或妻子却要和你说话，你当然就无法集中精神听他们在讲什么了。于是你就随便回答他们，当他们还想继续说下去的时候你就想快点把话题结束，结果你把对方的心情都破坏了。如果一而再、再而三地出现这样的情况，甚至会对夫妻之间或父子之间的关系产生不良的影响。

虽然我们在任何场合、听任何人讲话时都不应该走神。但因为我们不可能做到随时随地全神贯注地倾听，那么，我们就有必要对倾听的时机进行选择，对一些重要的场合需要你予以特别的注意。

为了更好地达到效果，一个好的办法是在日记本上标出必须特别注意的重要谈话的日期，然后预测谈话可能有什么结果。想一想为什么要有这次谈话。

选择适合的时间对倾听也有好处，如果由我们来安排会谈的时间，那么安排在上午是最合理的。因为一天当中的这个时候我们更容易集中注意力。可以回忆我们上学时的课程表，下午的课程经常不太伤脑筋，像是体育、美术、手工等等。

每一天我们可能都会接收远远多于我们所需要或者所能处理的信息，比如广告、与朋友的闲聊等。如果听到的信息不被大脑认知和选择处理，那么很快就会被去除，不被记住。从某种意义上来说，人类也是按预定程序工作的。我们对于所要聆听内容的选择常常基于兴趣和需要。如有人喜欢投资股票和债券，他总是对这方面的信息竖起耳朵；疯狂的足球迷则时刻关注他所喜欢的球队的比赛成绩。

在倾听时，我们需要剔除无关的信息，而努力把注意力集中在重要的或有趣的内容上。当我们与朋友交谈时，或许只需要使用短期记忆，然而当我们在听课时，就需要把所听的内容记住，并能在几天或几周后的考试中运用。

通常，我们选择去倾听是因为：该信息重要；我们有兴趣；我们感觉想听一下；我们过去听过这类信息；我们喜欢或尊敬说话的人。但更重要的一点是，我们不能漏过重要的信息，这就需要对信息的重要性进行判断。事实上，并非说话人所说的每句话都重要。

还有一种方法可以帮助我们进行选择性倾听，即对观点进行质疑和提问。说话人从哪里得到的信息？它的来源可靠吗？在说服的情景中，说服者有时会忽略掉哪些不支持自己观点的理由？如果你有与演讲者所说的内容相反的信息，记下来，以便你可以在以后提问。

在对观点质疑时，我们可以对内容进行挑剔，但不能挑剔人。质疑是深刻理解内容的一种方式，它可以在自己头脑中进行，也可以在倾听后直接向说话者表达。

还有一点需要注意的是，即使在我们选择去聆听的时候，生气、困惑、悲伤或敌意都可以充当情感耳塞。我们倾向于聆听所期望或想听到的内容，而不是重要的内容。以下的例子可以说明这个问题：

刘悦华在去吃午饭的路上，经理王日新打电话告诉她他在桌面上放了一份报告，并希望她能在他吃午饭回来前复印20份。刘悦华立即返回，去了复印室，但她很不开心，因为有朋友在等她。

但是刘悦华在倾听时忽视了一个重要的细节，那就是经理是在吃完午饭后才要报告，而经理吃午饭的时间要比她晚一小时。如果当时她仔细听了，那么她完全可以在吃完午饭后再去复印，她有足够的时间这样做。

要使倾听有效，我们就应该在决定了什么是重要的、什么是不重要的以后，尽可能地记住说话人的信息。

## 排除影响倾听的因素

心理上的障碍会干扰听者的倾听效果。有时候你自己会处在某种特别的情绪状态之中，比如很恼火，或者得了感冒或患牙痛，再或者是刚好临近吃饭或休息时间，你觉得很饿，也很累，如果是这样，你也就不会很认真地去听。

其实，影响倾听的因素有很多，比如：由于你喜欢新思想，或你不喜欢不同的意见和不同的价值观，甚至可能是你觉得烦，思想容易开小差，或者动不动就下结论，这些都会影响你的倾听。排除这些干扰有助于增强倾听效果，即使我们不能排除它们，也得想办法把它们减小到最低程度，我们可以通过专注、跟随、保持公正来实现这一点。

1. 专注

专注是指用身体给沟通者以"我在注意倾听"的表示。它要求你把注意力集中于说话人的身上，做到心无二用。听别人讲话最忌讳左耳进，右耳出，别人的讲话在自己的心中没有留下任何痕迹。专注不仅要用耳，而且要用全部身心，不仅是对声音的吸收，更是对意义的理解。

2. 跟随

专注的目的是能使我们积极地倾听，在对方的说话过程中，除了专注可以理解说话者所说的信息外，还可以采用跟随的方式。跟随说话者不仅可以听清全部信息，还可以让我们充分记住对方所说的内容并理解其含义。

跟随说话者可以通过复述内容、认清说话的模式、记笔记、作比较等。

（1）复述内容

复述是指准确简洁地重新表达对方的意见。这样做不仅可以检验自己是否正确地理解了自己听到的话，还可以鼓励对方详细解释他的说法，并表明你在倾听。在"提问—回答"式的讨论过程中，复述还能确保每个人都能详细地听到正在讨论的内容。

（2）认清说话的模式

我们所谈及的倾听，一般是指相互交谈中的倾听，双方是在交流思想和观点，联系情感。但沟通过程中的说话还有其他形式，如辩论。说话者出于不同的目的，在说话中会采取不同的表达形式，常见的表达形式有四种：叙述、说服、征询、参与。

（3）记笔记

随听随记，及时做笔记，有助于提高倾听的效果。记录对方所说的话，不必请求允许。这样做还能够说明你确实对正在讨论的话题感兴趣，并准备追随说话人的思路。记笔记会产生一种无声的力量，使得说话人充分地表达自己的见解。

（4）作比较

在你做以上三项工作的同时，你也要注意作比较。哪些是事实，哪些是假设，哪些是优点，哪些是缺点，哪些是积极面，哪些是消极面，你都要搞清楚。同时，你也要注意意思的连贯性，看看说话人现在说的和刚才说的是否一致。这有助于澄清事实，其中有些暂时不明白的地方，也可能会因此迎刃而解。要是有些问题实在无法理解，那就可以马上提出来。

3. 保持公正

无论是专注、跟随还是保持公正，都是为了在投入沟通过程中全面理解说话者想要表达的意思和观点。保持公正包括区别事实和观点、控制情绪和避免曲解。

无论在什么时间，在什么地点，我们的听觉总会出点问题。在对方说完后，我们觉得我们已经理解了说话人的意思，而实际上却可能掌握了错误的信息。因此，为了防止曲解，我们必须努力采取措施，防止听错信息，认真听话和有效反馈都是很好的避免曲解的方法。

因此，我们要记住：决定要说什么的是人本身，而不是他所说的语言。

## 增强倾听效果有方法

注意倾听是一种重要的交流信息的技巧。在商界，不注意听别人讲话会导致混淆和误解，导致可笑甚至是灾难性的错误。因此，越来越多的公司把倾听别人讲话的技巧看成是成功的必要条件。国外有些公司还特地为销售、管理等部门的人员举办如何提高倾听技巧的培训班。我们在倾听时可以运用一定的倾听技巧，提高倾听的效果。具体来说，以下方法可以帮助我们提高倾听的效果。

1. 明确倾听目的

对倾听的目的越明确，就越能够掌握它。事先为此次谈话进行了大量的准备，这样可以促使我们对谈话可能出现的问题或意外有个解决的思路；同时可以围绕主题进行讨论，你的记忆将会更加深刻，感受更加丰富。这就是目的越明确，效果越显著。

在听讲时你必须注意他在说什么，并作出反应，而不要去研究他的行为举止、长相如何，这会影响你倾听的效果。

2. 控制自己，真诚理智

自己的思维不要超过讲话者的讲话速度。如果他讲话不连贯，一下子找不到合适的词，千万不要插嘴。这种帮助一点也不会让人高兴。他会感到很难为情，因为这反映出他的思维反应不够快。不要和他争辩，或有心理上的抵触情绪，这是专心倾听别人讲话的障碍。

信任是双方交流的前提，真诚的谈话可以唤起对方的兴趣，激发对方的积极性及参与的主动性，因此，在交谈过程中有意地甚至无意地撒谎，都有可能使对方觉得你是在欺骗他而使交谈中断或效果不佳。

3. 要有良好的精神状态

在许多情况下，我们之所以不能认真倾听对方的谈话，往往是由于肌体和精神的准备不够，因为倾听是包含肌体、感情、智力的综合性活动。在情绪低落和烦躁不安时，倾听效果绝不会太好。这种良好的精神状态可以使倾听者集中精力，随时提醒自己交谈到底要解决什么问题。听话时应保持与谈话者的眼神接触，但对时间长短应适当把握，如果没有语言上的呼应，只是长时间盯着对方，那会使双方都感到局促不安。另外，要努力维持人脑的警觉，保持身体警觉则有助于使人脑处于兴奋状态。专心地倾听不仅要求健康的体质，而且要使躯干、四肢和头处于适当的位置。比如有的人习惯把头稍偏一点，这样有助于集中精神。全神贯注，意味着不仅用耳朵，而且用整个身体去听对方说话，所有这些都提醒倾听者自己现在的角色，不要走神。

4. 创造良好的倾听环境

正如我们刚才所论述的那样，倾听环境对倾听的质量有巨大的影响。例如，人在喧闹的环境中讲话要比在安静环境中讲话的声音大得多，以保证沟通的顺利进行。又如，如果谈话内容属于私事或机密信息则最好在安静、封闭的谈话场所。同时环境也影响倾听的连续性。

空间环境也影响倾听，进而影响人与人之间的交流。社会学者和专家们曾经组织的一项调查表明，由于各种因素的干扰，相距10米的人，每天进行谈话的可能性只有8%～9%，而相距5米的人，这一比率则达到了25%。有效倾听的管理人员必须意识到这些环境因素的影响，以最大限度地消除环境对倾听的影响。

美国学者在一个更为宽泛的意义上提出环境的概念，它不仅包括社会因素，而且包含人的心理、生理因素，要有效地建立这样的环境需要做很多细致的工作。

5. 好的倾听姿势

每个人谈话时身子都要稍稍前倾，当对对方所说的感兴趣时，都会很自然地倾身向前，以表示仔细聆听。这种姿势也代表着接受、容纳、兴趣与信任。因此，倾听的最好姿态是在椅子上坐着，身体稍微向对方倾斜。交叉双臂，跷起二郎腿也许是很舒服的姿势，但往往让人感觉这是种封闭性的姿势，容易让人误以为不耐烦、抗拒或高傲。注意听讲，不要摆弄你的眼镜、钢笔或其他任何可能与倾听无关的东西。有时可能要做点笔记，但不要漫不经心地乱画，更不要去研究家具的式样或窗外的风景等。

6. 及时用动作和表情给予呼应

值得你倾听的人，必定也值得你用眼睛去注视他。另外，把你的注意力集中在他说话的内容上，也是不错的方法。当对方在讲话时，直接看着他，使他知道你对他讲的内容感兴趣，这不仅可以改善两者的谈话气氛，还会使他感到自己是一个很出色的健谈者。

赞成对方所说的话时，可以轻轻地点一点头，表示赞许；也可以用各种对方能理解的动作与表情，表示自己的理解，如微笑、皱眉、迷惑不解等表情，给讲话人提供准确的反馈信息，以利其及时调整；还应通过动作与表情，表达自己的感情，表示自己对谈话和谈话者的兴趣，这样可以使对方感到心情愉快。

## 提升自我倾听的技能

就所占时间比例而言，倾听是沟通活动中最主要的一个方面。有人曾经对38名来自企业的管理人员进行调查，其中包括一名高层管理人员、24名中层管理人员、13名基层管理人员。该调查要求他们详细记录从周一至周五的有关沟通活动。结果表明这些管理人员常以19%的时间用于读，22%花在写，26%参与说，33%放在听。这一调查充分说明积极倾听在沟通中的主导地位。

遗憾的是我们的一些管理人员并不具备作为倾听者应有的能力，他们不良的倾听习惯会导致误解甚至曲解。倾听技能的提升将有助于管理绩效的提高。作为管理人员，要学会倾听，并且还要善于倾听，从而时刻了解员工的观点、意见及建议等。擅长倾听的管理人员往往在同上级、同事、下属以及顾客的交谈中，通过倾听获得有价值的、最新的信息，进而对这些信息进行思考和评价。因此，是否具备或掌握倾听技能将直接关系到管理人员的决策水平和管理成效。

1. 有正确的倾听态度

首先，要学会尊重别人，少吹嘘自己，别人在和自己谈话时，要注意聆听。人的一双眼睛很重要，它会流露人的思想感情。别人谈话时，你的眼睛望着他，他会感到你很重视他的谈话，如果你东张西望，心不在焉，别人就不会高兴。不要随便打断别人的谈话，要少讲自己。有些人在别人面前话特别多，而且喜欢讲自己，炫耀自己某一方面的优点，想使别人尊敬自己、羡慕自己，效果却往往适得其反。

其次，要能面对现实和接受现实，即使现实不符合自己的希望与信念，也能设身处地、实事求是地去面对和接受现实的考验；并能多方寻求信息，倾听不同的意见，把握事实真相，相信自己的力量，随时接受挑战。

再次，还要明白一点：说话人的语言和表情等能影响倾听者。这也是人们似乎更倾向于彼此进行语言交流，而不是彼此去倾听的原因。在倾听的过程中，听众与讲话人之间的信息反馈往往是自卫的、竞争性的，或者是缺乏真诚的、具有欺骗性的。在这种联系中，更明了地说，是人们错估了某一事实，即倾听者总是或不时地感受到来自讲话人的威胁。如当讲话人大喊、颤抖、跳上跳下时，这些足以影响倾听者的心血管系统、神经系统，甚至是消化系统，使得倾听者心跳加快、脸色发白或者反胃，甚至会有丧失知觉的可能。有效地认识到这一点可以使倾听者减少恐惧感。

2. 排除倾听障碍

要尽可能地排除那些影响你倾听效果的障碍。我们每个人都会遇到这些障碍。有时倾听的效果会比别的时候好。效果最差的时候通常是由于我们自己制造了障碍，抑制了正确倾听的能力。

你人为地设置了倾听的障碍，但一旦学会了识别它们，解决起来便容易多了。因此当你正在倾听需要明明白白理解的内容时，要意识到自己设置的所有障碍并彻底清除它们。

这里有另外一些妨碍倾听效果的障碍，它们源于客观原因。例如：对方说的内容太复杂或用了很多行话，你不理解他在说什么；很多噪声或其他使你分神的因素干扰了你的注意力；对方讲话时间比你预期的要长，由于几分钟后你有事情要处理，因此你会分心；对方讲话速度太慢，拐弯抹角，无聊乏味，条理不清，或前后重复。若出现这些原因时，你可以向对方说明，这样可以保证有效的倾听效果。

3. 对自己的倾听习惯作出评价

所谓倾听习惯指的是一个人通常的倾听方式，这些习惯可能是无意识的倾向或行为。要想提高倾听技能，我们首先应该了解对倾听能力有影响的各种因素，进而对自己的倾听习惯作出自我评价。通过不断的自我分析和自我评价，人们会逐渐发现自己在倾听方面的长处和短处。

对倾听习惯进行自我分析和自我评价不需要太复杂。一般来说，倾听者只需回答类似以下几个问题就可以衡量自己倾听的有效性：

（1）我是否希望成为好的倾听者？

（2）我是否愿意训练自己成为好的倾听者？

（3）我是否准备好倾听？

（4）我是在倾听还是仅仅用耳听？

（5）我是否能连贯地理解自己正在听的信息？

（6）我对信息的理解是否正确？

（7）我是否每天通过操练来培养自己的倾听习惯？

如果倾听者的回答是否定的，那么他就必须重视改善自己的倾听习惯。倾听能力的不足可能表现在倾听之前，也可能表现在倾听过程中或倾听之后。

# 第九章　跟孩子沟通从倾听开始

## 倾听孩子的心声

尊重孩子的意愿，拓展孩子的空间，让孩子时时感受到受关注而不被忽视，受尊重而不被冷落，这对培养孩子的健全人格，增进亲子关系，养成良好习惯，具有非常重要的意义。可在日常生活中，众多的父母恰恰忽视了这一点。对孩子的意愿，他们不想了解或觉得无须了解。孩子那一点点自主权，也常被"无情"地剥夺。殊不知，这样做会给孩子幼小的心灵带来极大的负面影响。怎样从倾听孩子的心声开始，理解和尊重孩子，让我们来听听有关专家、老师、父母和孩子的见解。

做个合格的家长并不是件容易的事。有学者说，世界上最难的事之一，就是教育好孩子。做好父母确实有很深的学问，学会倾听是首要的一步，可以说，父母能否成为孩子的第一倾诉对象，是家庭教育能否成功的标志。

"听"，似乎是一种用耳朵摄取信息的方式，但"倾听"就不只是用耳朵来听取孩子的诉说。它是一种全身心投入、专注的状态，包括关注孩子的动作表现，观察孩子的情绪变化，体验孩子的内心感受，支持孩子的行为表现，赞赏孩子的潜能特长，等等。倾听蕴涵着巨大的力量，倾听里有同情共感、分担共享，倾听里有欣赏鼓励、信任期待。倾听凝聚着无限的教育智慧，倾听里有开放的理念、民主的态度，倾听里有尊重的姿态、现代的方式。

1. 倾听是一种爱的力量，支持着孩子健康成长

孩子在成长过程中肯定会遇到各种各样的困难，做错事了，损坏东西了，宠爱的小动物死了……都会引起他们情绪的变化，尤其是在面临新环境、适应新生活时，绝大多数孩子都一定会出现不安和焦虑情绪。父母要抓住这些事件和时期，帮助孩子渡过难关，安抚孩子的心灵，拂去他们的恐惧，保护孩子的心理健康，这是父母义不容辞的责任。父母要做的首先是陪伴在孩子身边，听孩子诉说。倾听是一种情绪分担，会使孩子不再感到孤独。在倾听中父母给予适当的安慰、指导，会使孩子感到支持的力量。在现实中，许多家长因为工作忙，挤掉了倾听孩子诉说的时间，或一边做着事、一边敷衍地听着，没有留心孩子的情绪，使孩子得不到最重要的心灵依靠。聪明的父母在遇到孩子倾诉时，一定会把手里的事搁置一旁，集中精力处理好孩子的情绪问题。一天下来，做父母的要设法了解孩子的喜怒哀乐，最好要留有与孩子一起玩耍、运动、娱乐、学习的时间，在活动中及时了解和把握孩子的心理状态。在倾听中与孩子分享快乐，孩子会更加快乐；与孩子分担痛苦，孩子会变得坚强。长此以往，就会培养出一个大胆、开朗、自信、健康的孩子。

2. 倾听是心与心的交流，是亲子沟通的艺术

要教育孩子首先要了解孩子。父母是孩子最亲近的人，也应当成为最

理解孩子的人，这需要父母与孩子间有良好的沟通。倾听是心与心的交流，是建立良好亲子关系的条件。

要建立亲密的亲子关系，需要有较多的沟通机会。父母要注意捕捉与孩子交谈的契机，主动引发孩子倾诉。如在送孩子上幼儿园的路上随意聊聊，在吃饭时或睡觉前主动问问孩子今天在幼儿园过得是否开心。最好养成与孩子定时交谈的习惯，有固定的时间保证亲子间交流。交谈的内容可以是预先设计的，也可以是随机生成的。交谈中一定要仔细倾听孩子诉说，并回答孩子的问题，表达父母的理解和接纳，保护好孩子的倾诉愿望。如果孩子向你诉说一件委屈的事，父母首先要表示安慰和同情，然后再去了解真正的缘由，帮助孩子分析。不能简单地批评孩子，或一味地指责别人。前者容易导致情感隔阂，后者容易形成孩子怨天尤人的不良性格。

倾听的要旨在于了解孩子的真实想法和感受，所以要让孩子有充分表达自己的思想和情感的机会，耐心地、专心地听着，不要急于作价值判断。假如孩子的看法与你不一致，也不要马上批驳，或简单地压制，要允许孩子有自己的想法，尊重孩子，自然会赢得孩子对你的敬重，这样才能达到充分沟通的目的。

3. 倾听是一种教育智慧，是解读童心世界的钥匙

倾听是有效教育的前提，会帮助你找到因材施教的妙方。孩子作为成长中的生命体，无时无刻不在受周围环境的影响，珍视来自孩子的反馈信息，你才能判定教育的适宜程度。如果父母不了解孩子，方法不对，不仅没有效果，反而会造成亲子双方的痛苦。注意倾听并及时搜寻来自孩子的

各种信息，你才能发现适合孩子的教育方式。

倾听是解读童心的钥匙，引领我们读懂孩子，走进神奇的童心世界。童心世界是一个求索的世界，孩子对各种事物表现出浓厚的兴趣和惊奇感，对世界充满着问询与猜测：为什么大海是蓝色的？为什么天空中挂着美丽的星星？为什么天上会下雨？在孩子的提问中，蕴涵着他们对了解一切的渴望。他们中可能有爱迪生，也可能有瓦特。父母要珍视孩子的提问，以极大的耐心去倾听、引导，这样，便能领略到一道道亮丽的童心风景线：夜晚为什么星空灿烂？那是大地爷爷为黑夜里干活的人点起了无数盏灯。孩子对世界有着独特的理解和看法。正如美国当代哲学家马修斯在《哲学与幼童》一书中指出，儿童的思维运作过程完全不受学识的支配和干扰。或者说，由于儿童尚没有建立系统的知识体系，因而也就不会滑入既成思维的轨道或跌入既成经验的陷阱，从而使思维处于无拘无束的自由空间之中，产生独特的指向，获取独特的发现。做父母的天职，就是保护孩子心中的智慧之种，并使这种探究积极、持久。

倾听也是避免教育出错的一剂良方。许多家长都犯过误解孩子、错怪孩子的错误。如果孩子犯了错误，不妨先听听他自己如何说，再惩罚他也不迟，不要让孩子带着委屈受罚。儿童的道德动机与道德行为之间的联系往往是成人难以理解的，儿童也会违规犯错，但这种犯错完全无关于成人世界的道德规范。因而，在实施对孩子的惩罚前，最好给孩子说话的机会，以免错怪或错罚了孩子。

4. 倾听是一种精神享受，在欣赏中实现父母与孩子的共同成长

在倾听中，我们发现每一个孩子都是独特的，有独特的需要、独特的

想法、独特的个性、独特的能力……每一个孩子都是不可替代的。要用心倾听孩子的心声，用心品味每一个生命。细心发现孩子的优点，并加以积极鼓励，努力引领孩子不断超越，表现出自我的力量，一步步迈向成功。

倾听是一种欣赏，欣赏童心世界的智慧和纯真。看似稚拙的儿童思维，实际上处处迸发出智慧的火花。儿童是聪明的，他们有许许多多观察事物的新视角；儿童是机智的，他们能够把许许多多看似无关的事物加以比较联系。儿童对世界的困惑与叩问，往往触及哲学探索的领域。儿童感觉的敏锐与超凡，往往是一切艺术创造的源泉与不竭动力。难怪世界级绘画大师毕加索在80周岁时说："我毕生追求的就是保持一颗童心，用一双充满好奇的眼睛看世界。"

幼儿园创始人、德国教育家福禄贝尔对童心充满着无限敬意，他说："孩子就是我的老师，他们纯洁无瑕、充满智慧。"从某种意义上说，童心更逼近人性之本，孩子身上确实存在着许多令成人赞叹、折服的东西。父母们在倾听儿童心声的同时，也伴随着自省自警，实现着成人与孩子的教学相长、共同成长。

随着社会的发展，人们对儿童精神世界的认识越来越丰富深刻，对儿童权益的保护也上升到法律层面。联合国设立了国际儿童组织并通过了《儿童权利法案》，使民主平等地对待儿童获得法律保障。"倾听"作为成人与儿童新关系建立的标志性行为，也为越来越多的家长所接纳。

新世纪呼唤新的亲子教育方式，呼唤所有父母都能真正走进童心世界，倾听孩子内心的声音，体会孩子的精神需要。尊重孩子选择，按照孩子的天性实施孩子喜爱的教育，才能使其快乐幸福地成长。

## 要善于倾听孩子说的话

与孩子沟通，要注意孩子没有表达出来的思想感情，要学会倾听和促使孩子说话。

有的时候，出于自尊心或是别的一些原因，孩子并不愿意或认为没有必要说出他们的想法或问题，但他们又很想让父母明白他们的意图，这时，他们就会改用另一种表达方式对父母进行暗示。

对孩子苦恼时所表现出来的信号要敏感。如果父母的感觉不灵敏，就更应该试着努力去注意孩子反常的、细微的行为信号。比如，孩子不正常的样子、声调、面部表情、动作、姿势等。孩子讲话时，除了注意他的非语音信息之外，还要倾听他所讲的字里行间的意思，想一想孩子希望告诉我们什么，也可以提出一些问题，来识别或弄清孩子的动机或情绪。凭借着细致与耐心，做到这些都不是困难的。

父母还应特别注意孩子行为习惯的改变，这将是了解孩子内心情感的有价值的线索，明显的表现是孩子不吃、不睡、不玩或精神不如平时集中，发现了线索之后，就应该试着去推测，或者去直接感觉孩子的情绪状态反映了些什么。

称职的父母，一定要倾听孩子说的每一句话，用自己对孩子的信任、尊重去促使孩子表达自己，从而与他们有所交流、有所沟通。在倾听和促使孩子说话的过程中，还要注意以下问题：

1. 要对孩子的事感兴趣

如果你对孩子的活动表现出真实的兴趣，你和孩子之间不但打开了通路，而且，会使他们感到自己是重要的。父母对孩子表示关心、照顾，让他们谈论有关自己的事，孩子便会感到与父母在一起很亲密。

2. 要给孩子留出接触的时间

在孩子的生活中，有时需要母亲在他身边听他讲话，当孩子经历着内心的恐慌、创伤或有失望情绪时，他们特别需要温情的安慰，孩子也很想知道他们的父母在分享他们的悲伤或愉快时的心情。不应使孩子感到你是由于忙或急着做其他的事，而无暇听他们说话。

3. 听孩子讲话要专心

一个好的倾听者，必须集中注意力，选择一天不忙的时间，找一个安静的地点，听孩子说话。在这个时间，用眼睛注视着孩子，表示是真心在与他接触，每天都要为孩子提供与他们单独接触的机会，哪怕只用几分钟，对孩子说"我们一起去散步"，或者说"让我们去房间单独在一起谈谈"。

4. 耐心地鼓励孩子谈话

开始和孩子交谈时，需要向他们提出明确的要求。为了使孩子的谈话持续下去，要用一些鼓励的词，如"嗯""我懂了"，也可以提一些简单的问题进一步引导孩子。在结束谈话之前，不要打断孩子的话，让孩子详述某一问题的情景，尽量描述它的细节。

5. 注意自身的言行

行为语言是我们向孩子传达信息的一种方式。许多父母仍然不知道怎样利用自己的行为向孩子表示"我在听呢，我感兴趣，我在注意"。有几种主要信号可以表示对孩子的注意：正面向孩子，与孩子紧挨着坐，身体竖直或向孩子倾斜，眼睛互相对视，用慈爱的目光注视孩子。此外，应当避免紧张，并表示兴趣，面部表情和声调都是亲切的。

6. 站在孩子的角度看问题

一个好的倾听者，最重要的技巧是摆脱自己对问题的固有看法，设身处地想他人在经历着什么。有了这种技巧就能敏锐地感到孩子情绪的波动，并将自己符合实际的看法告诉孩子。

7. 帮助孩子弄明白，并说出自己的经验

倾听，是父母帮助孩子对自己内心活动和感受作出表达的过程。在倾听过程中，运用你的经验对孩子的叙述加以解释和说明，可以帮助他们弄清楚自己想表达的意思。在解释时，尽可能帮助孩子把自己想说的话，准确、清楚地表达出来。

8. 准确反映孩子的情感

一个极为有效的倾听技巧，是要用语言帮助孩子反映他们的感受，特别是幼小的孩子，不能像成人那样表达自己的感情。当母亲认为孩子的感情是正常的、合理的，回避评价他或压制他的感情时，你可以帮助他承认，而不是否认这种感情。当消极的感情得到承认和表达后，将会摆脱其强烈性，为更积极的情绪和建设性的解决方法开辟道路。

## 用倾听来改善亲子关系

面对不愿与你交谈的孩子，父母首先必须了解"冰冻三尺，非一日之寒",所以,改善现况也非一朝一夕就可以成功,需花费较长的时间和努力。要孩子改善原有的沟通态度,有赖于父母自我的改变来影响孩子的行为改变。有时候,虽然父母表现出乐于使用倾听、接纳、回馈表达的沟通技巧,但是太突然或过度地使用这些技巧,反而易使孩子感到不安与怀疑,甚而造成孩子的抗拒心理。而父母若依然扮演指挥者、命令者、权威者或威胁者等旧有的传统角色,更会令孩子感到不安,并不能提供安全、轻松、愉快的沟通气氛,当然更不要奢想改善家庭中亲子沟通关系了。鼓励孩子与父母交谈或与父母分享情绪,父母得先从改变自己的言行做起,当父母试图用改变自己来改善亲子间的沟通时,有三个建议可供参考:

1. 对非语言行为的合理猜测

孩子非语言的行为可以显示出许多孩子内心的情绪与想法,特别是脸部表情,是父母最有利且方便观察的线索来源。当看到孩子面带微笑、皱眉或生气的表情时,父母可以适时地给予反应:"你似乎很愉快哦!怎么回事啊?""你好像很难过,怎么啦?""你似乎很生气。"

也许父母最初的反应会遭到孩子的否认,特别是一些不愉快的情绪反应常为孩子所否认,他会说:"没有啊!我才不,少瞎猜。"当父母面对孩子这样的回答,并不需再作任何澄清,而只要尊重孩子的回答并接受它,过一些时候再试一次看看。因为,父母这样的行为虽然不能得到孩子立即的肯定,却能传递父母对子女的关心与尊重的信息,让孩子有股温暖的感觉。这时,父母适当地对孩子进行非语言行为猜测并表达出来,有时候可以造成亲子之间话匣子的开放:

父亲:"小德,怎么啦!你看起来似乎很生气?"

小德："你说对了，我快疯掉了！每次我和小华出去，我们总是到小华想去的地方，他一点都没重视我的意见，我总是要听他的！"

2. 给孩子提供陈述意见的机会

父母有时候可以请孩子对于有兴趣的事物进行思考，并表达自己的看法或意见，而父母只是加以倾听，给予"是的""很好""哦，我不知道"的反应。这样的沟通行为，并不是要父母试探孩子的隐私，而是尊重孩子的意见与了解孩子的兴趣。有时候父母也可以利用简单的询问方式来达成亲子之间的沟通：

母亲：今天打工如何？

小莉：不怎么样，我的老板似乎很顽固、呆板，一点乐趣都没有。

母亲：听起来你似乎觉得难过？

小莉：我尽我所能做好一切，但是老板总是不满意，我真不知如何是好！

母亲：你似乎不知道该怎么办？

小莉：是的，如果我失掉这工作，那么我就无法存钱买衣服了。

类似这样发问的交谈，有时候可以提供父母与子女共同发现问题或解决问题的机会，协助孩子探索问题和找出解决问题之道。

3. 以身作则

有时候，父母要以身作则，与孩子分享自己的情绪和想法，作为孩子学习的榜样。但父母并不要期望孩子能分享自己的一切，同时要避免批评以免引起冲突，父母可以与子女谈谈有关自己的工作、朋友、运动或书籍的话题，或者是一天大致的生活作息。父母的示范在无形中告诉孩子父母对他的信任，这种方式可以建立安全的沟通气氛，让孩子也勇于表达与分享，而达到改善彼此关系的目的。

## 成为孩子积极的倾听者

回馈式倾听是一种开放式的沟通方式，是父母对孩子感受表达的回馈，让孩子有"我被了解"的感觉。但是父母也许并不能完全明白孩子的表达意思，因此，可以借着反映孩子内在感受的方式，达到完全了解孩子意思的目的。至于父母要如何成为一位有效的积极倾听者，让孩子放心地表达自己内心的感受，而不怕被拒绝，下列有几点建议值得父母注意：

1. 即知即行，不要怕尴尬

除非父母习惯并熟练回馈式倾听，不然，刚开始练习回馈式倾听时会感到麻烦或不好意思。事实上，无论什么新的技巧或事物的运用，刚开始总是令人感到不适。但是，如果回馈式倾听可以改善亲子间之关系，相信暂时的不便或尴尬是值得的。

不过，有些父母抱怨练习运用回馈式倾听时，还要先停顿一下，并思考表达的内容，他们觉得喜欢以前与孩子交谈的"自然响应"。这样的情形对父母与孩子而言是很不幸的，因为，自然响应可能是冲动的反应，结果可能增强孩子不良的行为，或引发孩子的反抗，阻碍孩子合作的意愿。

此外，有些父母则生怕没有能力了解孩子的感受或会错意，而更恶化亲子关系。事实上，如果父母尚未了解孩子的意思，可以利用较不确定的开放式交谈方式："我怀疑……""是不是可能……"，甚至保持沉默，专心倾听，让孩子继续地表达其意思，一直到获得更多信息，然后再回馈反应，或是对孩子说："我真的很想了解你，你是否能将刚才所说的再说一次呢？"或"我不知道是否真的了解你的意思，也许你可以再说具体一些？"父母可以借着孩子的重复表达，来求证自己对孩子了解的正确程度，然后再给予回馈。

### 2. 不要强迫孩子分享感受与情绪

回馈式倾听是一种开放式的交谈，也许对父母和孩子都是一种新奇的体验，可能需要花费许多时间才能建立彼此间的信任与默契。孩子也许可以与父母分享自己的情绪，也可能保持沉默，不说一句话，甚至离开或否认父母所说的一切。然而，不论孩子作出怎么样的反应，父母都要尊重孩子的决定，并尝试接纳孩子的反应，千万不要强迫孩子表态，父母在往后的日子中，仍然有很多机会表达自己帮助孩子的意愿。

### 3. 正确地反映孩子的意思

当父母企图了解孩子的意思时，不适当的回馈方式，会"好心办坏事"，造成伤害孩子的事实。因此，父母必须尽量使用适当、正确的措辞来反映孩子的意思。

另外，有些孩子会传达一些不完全的信息分享，令父母感到迷惑，不知其所以然。这时，父母可以回馈十分明了的信息，并等待孩子进一步仔细地说明。当然，父母也可以说："你可以告诉我怎么回事吗？"借着发问让孩子呈现更多信息。

当孩子带有较强烈的情绪时，父母在措辞上也是很重要。如果父母能正确且适当使用"非常""很""实在"等字眼，可以有助于传递"我了解你"

的信息。也许，父母能很正确地了解孩子的意思，却因用词不当，使孩子极力否认父母的反映。所以，当父母反映孩子意思时，除了意思要正确外，在表达时更应注意措辞，避免激发孩子的抗拒或防卫心理，而产生负面效果。

4. 避免问太多问题

倾听时，在信息收集阶段，发问是必需的。如"然后呢？""你觉得如何？""你愿意告诉我吗？"但是，当拥有足够的信息时，父母不要继续发问，而应回馈你所了解的，并给出自己的见解。

5. 多利用时间倾听

改善亲子间的关系是需要花费相当心力与时间的，父母必须多留一些时间来倾听孩子的心声。如果孩子想要告诉父母一些事情，而父母正在忙，应婉转地向孩子说明，并与孩子约定确定的交谈时间。

当然，父母也可以借着逛街、打球、看电影的机会，与孩子进行交流，而其谈论的话题并不见得要局限于某个问题，或许可以找些彼此共同感兴趣的事情交换一些意见。因为，回馈式倾听并不只是想找出解决问题的途径，还要增进双方的了解。

6. 反映愉快的感觉

亲子间回馈式倾听并不仅是接纳与回馈对方不愉快的感受，让孩子得到发泄和关怀，有"我被了解"的感觉。对于孩子兴奋、愉快的情绪，父母也要予以关注，共同分享孩子的喜悦。

7. 不要过度回馈

父母千万不要对孩子的一言一行事无巨细地加以回馈，这样反而会使孩子害怕而不敢表达。特别是彼此未能建立良好关系基础时，过度的倾听反应，常会使孩子产生退缩行为。另外，过度的回馈会使孩子感到厌烦。所以，父母不宜回馈过度。

## 弯下腰来认真倾听孩子的想法

晚上，又到了讲故事的时间。儿子洗漱完毕，高高兴兴地把新买的《恐龙童话集》拿来放到妈妈的手上。按照以往的套路，妈妈要求他先把图画下面的文字念一遍，然后再由自己为他仔细讲解。可儿子突然不知怎么了，非要先给妈妈讲图画的内容。那是一本他们还没有念过的书，他根本不可能知道里面讲的是什么。

"先念这段字。"没有在意儿子的意见，妈妈坚持按惯例来。

"妈妈，我想先讲这幅画，然后再念字。"他也坚持着，来回晃着妈妈的手臂。

"你还记得昨天咱们讲的关于蛙的故事吗？如果不先念字，你就不知道图上画的都是哪些种类的蛙，对不对？"妈妈试图用他能明白的例子说服他。

"妈妈，可是这书上画的不是蛙。"儿子一门心思要实现他的想法。

妈妈有些着急："你这不是捣乱吗！不念字，你怎么知道画的是什么意思？"儿子并未觉察妈妈的不悦，仍然指着书上的图画说："我知道，这是……"妈妈一下子火了，打断了兴致勃勃的儿子："不许胡编乱造，让你念字，你就先念字！"

儿子不再说话。沉默了一会儿，他开始念："在所有的领域里，我最喜欢的……"一句话没念完，他终于忍不住自己的委屈，大声哭了起来："妈妈，你说什么我都得听，为什么我说你就不听？你是大人，就什么都是你说了算呀？"没想到一向以开明家长自居的妈妈，在5岁儿子的心目中竟成了"暴君"！

妈妈一直很欣赏西方人对待孩子的那种平等、民主的态度，因此，从儿子降生后，妈妈就开始刻意为他营造出一种平等、民主的家庭氛围：当儿子提出为了体现我们的平等，妈妈叫他小不点儿，他叫妈妈大不点儿或直呼其名时，妈妈爽快地答应了；为了体现民主，外出游玩或吃饭时，妈妈总是征求他的意见。民主的功夫妈妈明明做了不少啊，问题究竟出在哪里呢？

妈妈开始反省自己的言行，会不会妈妈平时在意的不过是些表面功夫呢？妈妈爱儿子，这种爱使妈妈对他寄予了厚望，因而在自觉和不自觉中已经把这种平等和民主主观化：凡是认为他的要求符合自己意愿的，就对他讲平等和民主，反之则不然。"妈妈，我想买《十万个为什么》。"这种想法正合己意，好，听儿子的。"妈妈，我今天不想学认时间了，我想玩会儿。"就知道玩，玩能成为"有用"的人吗？这时候，本能的反感使妈妈根本不考虑孩子为什么提出这种要求，更不可能"弯下腰来"，从他的角度去理解他，哪怕是听听他简单而幼稚的理由。再比如讲故事，妈妈一定要他先念字，就是自认为这样不仅可以让他多学一些字，而且可以培养他的阅读能力。妈妈觉得这样做是为他好，所以很自然地就把他的想法看成是捣乱。如此，妈妈又怎么会和他讲平等与民主呢？时间长了，妈妈是"暴君"

的印象就烙在了孩子的心中。

允许儿子对妈妈直呼其名，他感到的可能只是好玩，而真正弯下腰来，认真倾听他的想法，并真正以朋友的身份和他交流与沟通，他才能真正获得受到尊重的快乐。他不一定理解平等、民主这样的字眼，但一定能体会到它们带给他的来自内心深处的快乐，这种快乐是无可替代的，它是孩子健康成长的阳光。

第二天，妈妈诚心诚意地向儿子道了歉，并用商量的口气问他是否还想先讲一下图画再念那段文字。儿子高兴极了。他用妈妈无法企及的想象，绘声绘色地讲起了比文字说明还要精彩得多的故事……

## 倾听是对学生的尊重

教师的倾听体现着对学生的接纳和重视。在所有能让学生感到被接纳和重视的行为中，"倾听"最为重要。倾听是表达对他人尊重的标志，是满足学生被接纳、受重视以及安全感需求的最重要途径。而沟通是学校及教师实现教育目标、满足教育要求、实现教育理想的重要手段。师生之间如何沟通，用什么样的品质沟通，决定了教育具有多大程度的有效性。因此，教师注意倾听的同时，让倾听成为沟通学生心灵的桥梁就显得尤为重要。

陶行知先生曾经说过，"你不知道学生的能力，不知道学生的需要，那么，你就是有天大的本事也不能教好他。"而要想了解学生，最重要的就是倾听，听他们的心声，听他们的需要，听他们的意见，这样才会找到工作的切入口。总之，倾听是解开学生心锁的钥匙，是架起师生沟通的桥梁。

为了对学生进行有针对性的教育和指导，提高工作效率，在倾听中要做到以下几点：

1. 尊重、宽容地对待学生

小学生由于年龄小、阅历浅、经验少等因素，出现错误言行是在所难免的。面对学生出现的缺点和错误，如果老师大事小事均进行严厉批评，学生往往会形成怨恨心理，滋生逆反心理。相反，宽容有时比声色俱厉的"严格"更有力量。因此，老师在批评教育学生要给予学生以"良性刺激"。具体地说，在学生出现不良行为时，教师要在理智中控制好情绪，客观地去处理学生问题，帮助学生进步，时时处处做学生们的朋友，站在学生的角度去分析问题，寻找解决问题的办法，多一份尊重和宽容。

例如，一次上课，两个男孩玩钢笔，一方不小心在另一方的衣服上画了一笔，另一方很生气，拿着钢笔一甩，结果对方的脸上、嘴巴上以及白色衣服上全都是墨水。当弄了一身的孩子洗干净后，另一个小孩已经非常后悔。他说："我也只是想画一笔，哪知道对方一躲，就甩了他一身，我是一时冲动才这样的。"对于这件事情，老师要在学生当中进行同学之间的宽容、友好相处的教育。结果两位同学都相互原谅了对方。

学生犯错误是难免的，但是我们老师应该记住尊重、宽容是把金钥匙，是剂良药，它所产生的力量是巨大的，它往往比严厉的批评收到更好的效果。

2. 认真倾听，做个好听众

教师的倾听体现着对学生的接纳和重视。倾听是对他人尊重的标志，是满足学生被接纳、受重视以及安全感需求的最重要途径。很多老师总是苦口婆心地摆事实讲道理，有时候却收效甚微，主要原因是他们很少倾听学生的话，不了解学生心里想什么，学生也因为老师不能真诚地听他们说话，对他们总存在心灵的隔膜，造成师生沟通总存在障碍。事实上，有时候老师只需要放下手中的事情，认真地倾听，说不定收获的将是"此时无声胜有声"的效果。因此，老师只要蹲下来看孩子，少一点颐指气使、居高临下的态度，认真倾听孩子的心声，这样就能真正走进学生的心灵，赢得信任。

例如，一次一个三年级的学生忘记带上课的东西了，快上课的时候学生去找老师，下面是学生和老师的一段对话：

学生：我把数学课用的东西全都忘记在家里了。

教师：哦，你遇到问题了。

学生：是的。

教师：想想看我们有什么办法可以解决。

学生：我赶快回家拿……不行，这样接着的英语课我就耽误了。

教师：嗯。

学生：或者打电话给妈妈，叫她帮我送来……可是她有时不听电话……也可能正好没空。

教师：那么这个办法有可能行不通。

学生：是啊！对了，我可以先向隔壁班的同学借一本数学书用一用，然后拿张白纸重新抄题目来做练习。

教师：看样子你把问题解决了。

学生（很高兴地）：是的，谢谢老师！以后我得记着点，睡觉前检查一下书包。

其实，这个老师只是做了一个好的听众，也没有给这个学生很大的帮助，问题是学生自己解决的，但是，他还是对老师很感激。精诚所至，金石为开。师生之间，只有真实、诚恳地袒露胸怀，彼此才能真诚相对。因此，在工作中老师要时时教育自己：在与学生交流时要把他们看成是"大人"，认真倾听；学生犯了错误，把他们看成是"小孩"，让他们体会到老师的期望和爱护，领悟到自己的错误。

# 第十章　会倾听才是好的领导

## 做一名善于倾听者

"倾听"不能和一般的"听"混为一谈。"听"主要是对声音的获得，"倾听"则是弄懂所听到的内容的意义，它要求对声音刺激给予注意、解释和记忆。所以，倾听不是单纯的生理反应过程，它同时需要做智力和情感上的努力。要真正欣赏别人的话，就需要提问，需要反馈，需要保持话题，需要分清已说的和未说的，甚至他人的体态语言也需要加以观察和解读。

法国作家安德烈·莫洛亚说："人应善于集思广益，应当懂得运用别人的头脑。"他援引黎塞留的话说，"多听少讲有利于统治国家"。

汉代的韩婴说："独视不若与众视之明也，独听不若与众听之聪也。"历史上的贤者都非常强调"善听"，因为"善听"能使官员始终保持头脑清醒，始终做到廉洁自律、处事公道、决策务实，从而成为人们称道的好官。

沟通交流、联络协调、决策判断，是工作的重要内容，这些都要通过说与听来实现。

1. 倾听有利于了解下情

领导在行使指挥和协调的职能时，必须把自己的想法、感受和决策等信息传递给下一个人，才能影响下一个人的行为。同时，为了进行有效的领导，领导也需要了解下一个人的反应、感受和困难。这种双向的信息传递十分重要。

倾听是获取信息最直接、最有效的办法。交流信息可以通过正式的文件、报告、书信、会议、电话和非正式的面对面会议等方式进行。其中，面对面的个别交谈是深入了解下属的较好方式，因为通过交谈不仅可以了解到更多、更详细的情况，并且可以通过察言观色来了解对方心灵深处的想法。

有些领导在同下属谈话时，往往同时批阅文件或左顾右盼，注意力不集中，不耐烦，结果不仅不能了解对方的思想，反而会造成冲突和隔阂。

领导必须掌握倾听下属意见的艺术。在对方说话的过程中，应不时地点点头，表示非常注意谈话者的讲话内容，使说话者受到鼓舞，让他觉得自己的话有价值，也就会更为充分、完整地表达他的想法，这不正是沟通所需要的吗？

2. 倾听可以增进智慧

善听他人意见，虚怀若谷，从谏如流，就能集众人智慧于一身，照亮人生道路。开启"贞观之治"的唐太宗以善听臣子进谏闻名，在魏征等大臣面前拿出善于倾听的姿态，方能开启盛世，流芳千古；被尊为圣人的孔子，也在老子面前摆出善于倾听的姿态，耐心听从老子的教导，方集得大智慧，受到世代尊崇。

3. 倾听有利于领导正确决策

乐于倾听，不仅是领导的基本修养，更是延伸大脑，问计于下属，实现科学、民主决策的重要方法。制定政策、做出决策，不仅要倾听上级意见，还要倾听专家意见，倾听下属的意见。

正确决策从何而来？从调查研究中来。决策的过程就是深入实际、了解情况的过程，大部分就是听别人讲的过程。

《贞观政要》的作者吴兢说："一日万机，一人听断，虽复忧劳，安能尽善。"对自身不熟悉的领域，领导需要多倾听熟悉情况同事的意见，需要不耻下问，向行家、下属乃至一切熟悉情况之人虚心请教。对熟悉领域需要再认识，更需要去倾听。时移事易，事物会随着时空的变化而发生变化，虽然外在表现形式不变，但内部却发生了质变。这个时候，领导需要倾听不同方面意见，善于从熟悉中发现陌生，善于从懈怠中捕捉新鲜，善于从表面中提取本质，达到思维常新、科学决策。

领导如果高高在上、做一些自以为是的决策，而不清楚下面在具体的实践中会有怎样的困难和弊端，那么，这种决策也只能是美好的理想和愿望，在现实中可能难以得到贯彻落实。沃尔玛公司的创立者萨姆·沃尔顿说："认真倾听你所在公司的每一个人的谈话，千方百计地找到让他们开口说话的办法。正是那些在第一线的工作人员——那些真正和顾客谈话的人——是真正知道正在发生的一切的唯一的一批人。你最好搞清楚他们都知道些什么。只有这样，你才能真正做出有价值的决策。"

领导要认真对待每一个相关的人，不管是上级，还是下属，或者基层员工，听听他们真实的意见和看法，集思广益，择善而从，才能做出富有价值的决策。

4. 倾听扩展人脉

一些人总是认为,能说会道的人才是善于交际的人,其实,善于倾听的人才是真正会交际的人。

善于倾听的人常常会因此拥有非凡人脉,从而使自己在事业上有意想不到的收获:蒲松龄因为倾听路人的述说,记下了许多聊斋故事;唐太宗因为兼听而成明主;齐桓公因为细听而善任管仲成就霸业;刘备因为恭听而鼎足天下。

与之相反,会说的人有锋芒毕露的时候,也常有言过其实之嫌。话说多了,会显得夸夸其谈,油嘴滑舌;说过分了还导致言多必失,祸从口出。如果学会了静心倾听,就没有这些弊病,倒有兼听则明的好处。注意听,给人的印象是谦虚好学,专心稳重,诚实可靠。认真听,能减少不成熟的评论,避免不必要的误解。

人际关系失败的原因,很多时候不在于说错了什么,或者应该说什么,而是因为听得太少,或者不注意倾听所致。比如,别人的话还没有说完,就抢着插话,讲些不得要领、不着边际的话;别人的话还没有听清,就迫不及待地发表自己的意见;别人兴致勃勃地与他说话,他却心荡魂游、目光斜视,手上还在不断拨弄这个拨弄那个。有谁愿意与这样的人在一起交谈,有谁喜欢和这样的人做朋友?

一位心理学家曾说:"以同情和理解的心情倾听别人的谈话,是维系人际关系、保持友谊的最有效的方法。"

倾听是一种姿态,是一种与人为善、心平气和、谦虚谨慎的姿态。有了这种姿态，就能做到海纳百川、光明磊落、择善而从。一个人乐于倾听、善于倾听，就能够不断汲取更多的智慧和力量，掌握先机和主动，把工作做得更好。

学会倾听下属的声音，领导的团队就会更有责任，更加忠诚；学会倾听下属的声音，下属就会更加满意，更加支持。

倾听，看起来容易，其实不简单。倾听要有正确的出发点，不是为了摆姿态。一个人不能总是以自我为中心，自以为是，而是以真诚、谦恭的态度去倾听。同时，倾听的方式也很重要。要带着问题去听，带着思考去听，实现良好的互动。倾听还需要雅量，即使是自己懂的问题，也要让别人讲完，尊重别人说话的权利。

## 做一名善于兼听者

有些人做到了倾听，但是没有做到"兼听"。每个人看问题角度不同，所以，要想全面了解一件事情的话，应该多听一些人的看法，而绝对不应该仅仅根据某一个人的看法就轻易地下结论。所以说，一个人不仅要"倾听"，而且要"兼听"。

所谓"兼听则明"，就是充分利用各种渠道，广泛听取不同层次、各个方面的不同意见，进行比较鉴别，全面了解事情的真实情况，明辨是非，做出正确判断；单听信一方面的话，自己就糊涂，事情就弄不清楚，也就难辨是非，做不出正确判断。

据《资治通鉴》载，贞观二年，唐太宗李世民问魏征："人主何为而明，何为而暗？"意思是，当皇帝的怎样才算得上是个明君，怎样的才是昏君，明君与昏君的区别又在哪里呢？魏征答曰："兼听则明，偏信则暗。"又说："人君兼听纳下，则贵臣不得壅蔽，而下情必得上通也。"魏征不愧是一代贤臣，一语中的，深刻地道出了明君与昏君之间的本质区别。

唐太宗真正做到了"兼听"，因而实现了史上有名的"贞观之治"，君臣二人也因为敢于谏言和善于纳谏，成就了一段千古佳话。"兼听则明，偏信则暗"是古人留下来的政治智慧，在当今这样一个信息快速传播的社会里，面对纷繁复杂、形形色色、真真假假的信息，领导只有多方听取意见，才能掌握实情，正确决策。

事实上，善纳良言也是优秀领导的基本素养，当领导开始学会营造鼓励下属进言的环境之后，就会发现在某个时刻，一句当局者迷、旁观者清的提醒会令人恍然大悟，让那种以为自己能够"一夫当关、万夫莫开"的错觉瞬间消散。

1. 保持清醒，时常自警

如果兼听的对象仅仅是围绕在自己身边的那些唯唯诺诺、唯命是从的人的话，这种兼听就与偏信没有什么区别了。"千人之诺诺，不若一士之谔谔。"意思是说，与其听一千个人唯唯诺诺的话语，还不如听一个正直之人的谔谔诤言。领导不仅要做到兼听，更要尽可能地多听少数人的意见。

作为手握权力的领导，对别人的进言多半能保持一份清醒和警觉，但很多时候，容易被自己所蒙蔽。如果过于自信，甚至刚愎自用，听不得别人的不同意见和声音，等于自塞言路。

领导每天要处理的事情和做出的决断不在少数，而来自不同方面的建议和意见也会很多。要学会听取和筛选不同的建议和意见。"兼听"就是既听正面的意见，又听反面的意见；既听赞同的意见，又听批评的意见。不仅要虚心接受建议，而且更要侧重于听取不同的意见，绝不能把反面意见当作耳边风，更不能对之反感。

从领导角度来说，多听反面意见可以团结持有不同意见的下属，为他们的意见找到一定的宣泄渠道，这有利于化解组织内部的矛盾。对于能干的下属来说，领导乐于听取他们的意见，有自己的纳谏之门，他们就会更积极、更大胆地献计献策，会更勇敢地纠正领导的过错，更自觉地提出改进工作的建议。反之，如果领导一听到反面意见就大皱眉头，不接受下属的建议或批评，不参照他们的正确意见、方法、策略，甚至对献策的人假以颜色，乃至打击报复，下属的积极性就会受到限制。所以说，偏听偏信、固执己见是做领导的大忌。

2. 虚怀若谷，明辨是非

一名卓越的领导必须养成敞开胸怀接受忠言的习惯，通过下属的忠告适时提醒自己不断改进。

人是有局限性的，即使再英明的领导，受自身经验、阅历、学识、年龄等因素的制约，不见得看待任何问题都能够高瞻远瞩，见微知著，十分透彻。集体的智慧是无穷的，还是要多听听大家的意见，集思广益，群策群力，才能避免由于主观判断出现偏差，造成决策失误，给工作带来损失。

领导要正确对待他人的好心提醒和善意批评。把忠言当耳边风，认为对方有意挑刺，将那些爱唱反调的人排挤出核心圈子的做法是不明智的。这样做的领导自以为维护了个人尊严，实际上久而久之则成了一个"说不得"的人，下属将尽一切可能避免发表批评意见或传达坏消息，辖下从此再无出谋献策之人。

"不为偏听常俯耳"。倾听的姿态很重要，"俯耳"先要"俯身"。领导与下属交谈，也要放下架子，拿出诚实和谦虚的态度。没有眼睛向下的决心，没有放下架子、不耻下问的精神，就无法与下属沟通和交流，因而也就听不到"原生态"的声音。

"海纳百川，有容乃大。"一个聪明的领导，应该具有大海般的胸怀，善于听取和吸纳各方面的意见。特别是对于批评的意见，更要"洗耳恭听"，让下属把话讲完，并认真吸纳其中的合理成分。只有虚心听言，诚心纳言，下属才会真心直言，吐露真言。二者相互作用，良性循环，才能共同创造一种实事求是、风清气正的良好环境。

3. 耳听八方，从善如流

领导要广开言路，注意听取各方面的意见。要听上级的意见，也要听普通人的意见；要听专家、学者的意见，也要听来自工作一线、有丰富实践经验的员工的意见；要听"当局者"的意见，也要听"旁观者"的意见。不同的人从不同的角度、不同的立场出发，对同样的问题会有不同的见解，"仁者见仁，智者见智"，多方听取意见，多方汲取智慧，权衡比较，可以最大限度地激发人的思维，达到集思广益的效果。

"智者千虑，必有一失，愚者千虑，必有一得。"领导多听他人的意见和建议，甚至是反对的意见，是大有好处的。向最坏处打算，向最好处努力，总是不会吃亏的。只有吸取经验教训，参考正反两方面的意见，才能权衡利弊，趋利避害，使决策符合实际，能够应付情况的变化，从而尽可能地降低决策风险，追求利益的最大化，使事业健康稳定地向前发展。

没有人全知全能，也没有任何一件事可以片面成立，凡自以为天资聪明的领导，都免不了要受下属的蒙蔽。让领导聪明，不如让整个组织聪明；整个组织要聪明，要靠整个组织中每个人的能量串联；整个组织中每个人的能量串联，要靠畅通的意见管道。真正的兼听，就是良好的沟通，良好的沟通是领导应有的能力。

事实上，下属往往处在工作一线，对实际问题体会更真切，因此，进言具有一定可行性。领导应对进言做深入实际的调查，力求全面准确地掌握情况，在此基础上接受有见地、有深度、有针对性的意见和建议。

当有人唱反调的时候，高明的领导从来都是虚怀若谷，如沐春风，诚恳地听取他人的意见，择其善者而从之，其不善者而改之，从而得到大家的帮助和理解，在事业上左右逢源，游刃有余，发展顺利，前途光明。

## 不被喝彩声所迷惑

所谓逆耳之言，是指那些不中听、不顺耳却包含真知灼见、促人警醒的话。虽然良药苦口利于病，忠言逆耳利于行，但就人性而言，人还是爱听好话不爱听逆耳之言的。正因如此，领导更应注意听取逆耳之言。

人无完人，金无足赤。同事发自内心的提示与批评是一种关心和爱护，同时也是一种难得的帮助。领导不但应该闻过则喜，还应该求批评若渴。如果长期听不到上级的逆耳之言，则反省自己的创新精神；如果长期听不到同级的逆耳之言，则反省自己的合作能力；如果长期听不到下级的逆耳之言，则反省自己的领导之术。逆耳之言实际上是关心和爱护，更是难得的帮助。千万不能被一片喝彩声所迷惑，而要检查逆耳之言这面"镜子"为什么对自己没起作用。

逆耳之言听起来不像"伏天喝冰水"那般舒服、清爽，非但不大中听，而且还如芒刺在背，令人面红耳赤。所以说，听到逆耳之言时，要坐得住，听得下去，要有豁达大度的风范，做到"有则改之，无则加勉"；要有兼听则明的睿智、虚心纳谏的诚意，要有闻过则喜、自我否定的勇气。而这一切，最终取决于领导的职业素养和责任心。

1. 批评的话虚心地听

人，不观高崖，不知颠坠之患；不临深渊，不知没溺之患；不观巨海，不知风波之患；不接受批评，不知错识之患。因此，对于批评的话，要虚心地听。讲虚心地听，并不是听后不了了之。虚心听，是指对别人的态度要正，欢迎别人的批评，把批评作为一面镜子，照照自己是对是错，在什么地方错了，错的程度是轻是重、是大是小、是久是近，以及危害的程度。

无论是同级、下属，还是同行，但凡能给你进诤言、说真话的，应该说都是非常难得的。无论他们是直言不讳地指出缺点和毛病，还是毫无顾忌、不留情面地指出工作上的失误和漏洞，领导都应该虚心接受，并针对一些问题造成的不良影响，制定一些补救或完善措施。切不可意气用事，死要面子活受罪，从心里排斥那些敢于直言的正义之人，如此一来，就很容易成为掉进"蜜缸里的苍蝇"。

领导虚心听过批评之后，要做到"四思"：一思批评是出于公心还是私心。对出于公心的批评，要积极地接受；对出于私心的批评，要耐心地讲明道理，使之真正明白"用伤害别人的手段来掩饰自己缺点的人，是可耻的"。二思批评是善意的还是恶意的。善意的批评是积极、健康、保护性的批评，恶意的批评是打击、报复和伤害性的批评，同事的批评多是善意的，要心存感激。三思批评是针对人还是针对事。批评要对事不对人，批评不是要与谁过不去，而是对某一错误现象不能容忍，必须加以改正。四思批评方法是科学的还是不科学的。有的批评比较严厉、言语尖锐，有的批评比较委婉、旁敲侧击，有的批评循循善诱、软硬适度，这些批评只要大体没错，就要以平常心去对待，多想他人的长处，多找自身的短处，做到有则改之，无则加勉。

领导应以诚恳、积极的态度欢迎别人提出批评意见，要有"闻过则喜"的心胸、度量，善于从不同的意见，特别是批评的意见中寻找合理的、可以借鉴的内容。胸怀宽广，诚心听取意见，真诚接受批评，不仅可以拓展思路、修正过错，而且对领导而言，也可以更好地团结同事，赢得别人的尊重与信赖。

2. 反对的话要分析地听

由于主、客观等多种原因，领导常会碰到有人提意见，说反对的话。领导听到反对自己的话，不要急、不要烦、不要气，更不能怒发冲冠、火冒三丈，与反对自己的人顶、吵，或拍桌子打板凳。一怒之下踢石头，只能痛着脚趾头。正如毕达哥拉斯所说："愤怒以愚蠢开始，以后悔告终。"

对反对自己的话，听后要保持理智，增强耐心，如果遇到一点事情就沉不住气，耐不住性子，稍有不顺就急躁上火，那就很容易丧失理智，这样往往会把事情办糟，甚至闹出乱子来。现实生活中，有些人往往以怒制怒，以怨报怨，结果，不仅无助于化解矛盾，反而越闹越大。有耐心者则方寸不乱；情理结合，才能"猝然临之而不惊，无故加之而不怒"；理清"乱麻"，解开"疙瘩"，化解矛盾，才能减少工作失误。所以，当有人提反对意见，要沉着、沉思、反省，进行一番分析，找出别人反对自己的原因。

别人反对自己，也可能错误在自己，也可能在对方，这两个方面的情况都是存在的。反对自己的话，不一定是全错的，也不能认为自己是全对的。世界上一切事物都有两面性，生活错综复杂，谁都不可能洞察一切。遇到问题，遇到矛盾，分析事物中包含的互相对立而又互相联系的因素，多些换位思考和辩证思维，才能减少认识上的盲目性、行为上的盲从性、僵化后的对峙性。

领导不能仇视提反对意见的人。不计较反对意见，以豁达的风度直面人生，就能远离许多烦恼；以谦虚的态度，把同事请进门，把反对自己的话讲完，才能弥补自身的不足；以宽容的胸怀对待同事，才能赢得诚信回报。

对反对自己的意见，只有进行全方位的分析，把所有观点不同的意见摆在桌面上，进行梳理、归纳、分析，明辨是非，正确地认识事物，正确地认识自己，才能吸取教训，纠正错误，把事情办正确，处理妥善，不留后遗症。

要看反对意见是少数人还是多数人。如果某项决策大多数人叫好、少数人反对，说明决策总的来看对多数人是有利的，可以在继续推行的基础上，加强宣传解释和疏导。如果某项决策多数人都在反对，那就说明决策可能存在问题，应该采取措施纠正。

要看反对意见有理有据还是胡乱聒噪。有理有据的反对自然要听，还要认真分析，对自己的行为和决策做出适当调整。对无事实根据的胡乱聒噪，身正不怕影歪，大可保持一点涵养，一笑了之。暂时的反对也许是一些人出于对领导的不了解或对某项决策的认识不全面，这需要有针对性地进行解释和引导。这样做，才可能由反对转化为赞成，由对立转化为拥护。

3. 牢骚话里找差距

牢骚，就是怨言、烦闷不满的情绪，就是对事物的看法、对时事弊病的鞭挞、对领导和组织的不满，不能通过正当途径反映表达，只能在私下或不公开场合说出来，在非正式的场合、亲戚朋友中发泄。它反映的是领导或本部门存在的不足和问题，表达的是对领导的期盼、对公司的期待。牢骚虽然不雅，甚至有些尖锐，但其中有理在，反映的往往是真实的情绪和想法。

牢骚话好像是下属不经意时讲的，但领导不能不在意，因为有些牢骚话就是原汁原味的真话、实话、心里话。听到牢骚话，领导应以此为镜，对照检查，差距找到了，问题找准了，解决起问题来就能"对症下药，药到病除"。

当局者迷，旁观者清。对这类愤世嫉俗之言，领导要注意听取，能听出弦外之音；以此作为镜子，审视工作，反思决策、工作部署和工作落实中的失误；吸取民意，集中民智，科学决策。切不可一棍子将怨言打死，认为牢骚消极不予理会，甚至堵塞言路。

不愿意听牢骚话的主要有两种：一是自以为是，总认为自己的看法和决策高人一等，看不起下属，拿别人的见解当小儿科；二是力不从心，有想听下属牢骚、改进工作的想法和愿望，但是听后该用的没有用，该摒弃的没有摒弃，做出的决策或制定的政策事与愿违，变形走样。

勇于接受批评建议，特别是善于听取牢骚话，是一种境界。达到了这个高度，领导才能把牢骚话变成好事情，才能成为一个耳聪目明的好领导。

4. 错误的话要参考地听

领导每天听到的话语中，有正确的，也有错误的。对于正确的话，往往易于接受、采纳，在心情上也比较畅快、舒畅；对于错误的话，由于它不符合事实、不符合实际情况，甚至扩大事态，扭曲事情的真相，违背事物的本来面目，对人有刺激感、委屈感，因此不愿意接受，滋生心理上的不痛快、不愉悦。

对于错误的话要参考地听，不能听到什么就是什么，更不能听后就定音。所谓参考地听，就是听一听讲错话的人，他们出于什么原因，出于什么动机，要达到什么目的。

用谅解、宽恕的眼光和心理看待讲错话的人。多一分心力注意别人，就少一分心力反省自己。对错误的话，要用慈悲和温和的态度对待，一个高尚的人闻人之谤会自修，闻人之誉当自惧。错误的话尽管是错误的，也要查一查、看一看、想一想，对于自身存在的错误是否处在苗头期、潜伏期，有什么新的动向、动态，在主观上找一下原因，这是非常有益的。尽管在工作上尚未犯错误，也要把错误的话当警钟，总结一下经验教训，不仅可以发现问题，及时予以补救，而且可以及时纠正主观认识上的偏差，获取规律性的认识，自觉地打好预防针，设牢"防火墙"，使自己变得更警觉些、更聪明些，在工作中也就会少犯错误，或者不犯错误。

由于每个人所处位置、经历、专业和从事的业务性质不同，对某个人或某件事有不同的看法和见解是很正常的。领导对于自己的下属和员工，无论他们针对某人或某事表达了什么样的诉求，或者反映了什么样的情况，哪怕一些信息和情况很不客观，甚至说是非常偏激的想法，都要有则改之，无则勉之。尤其是对那些敢说真话、勇于直言的下属，不能因为给自己提了几条意见或建议，就觉得"事多"，甚至视其为"异己""另类"等，更不能视其为"绊脚石"和"愣头青"，在工作上给其"施压"或"穿小鞋"，在生活中给予打击报复。

## 管理者应该是一个好的倾听者

许多管理者不愿倾听，特别是不愿倾听下属的意见。实际上，管理问题在很大程度上就是沟通问题，80%的管理问题实际上就是由于沟通不畅所致。不会倾听的管理者自然无法与下属进行有效的沟通，从而影响管理的效果。

1. 要理解下属想说什么

管理者在倾听时首先要弄明白的是下属到底想说些什么，是对公司的建议，对某人的意见，还是对待遇的不满？

由于每个人的性格不同，不同的员工在表达自己的观点时采取的方式也不尽相同。比如，性格较内向的下属，在表述一些敏感的问题时可能会更加隐晦。这需要管理者在平时多与下属接触，多了解下属的动态，这些对正确理解下属的意图很有帮助。

2. 站在对方的立场去倾听

下属在谈述自己的想法时，可能会有一些看法与公司的利益或管理者的观点相违背。这时不要急于与下属争论，而应该认真地分析他的这些看法是如何得来的，是不是其他下属也有类似的看法？为了更好地了解这些情况，管理者不妨设身处地地站在下属的角度，为下属着想，这样做可能会发现一些自己以前没有注意到的问题。

3. 听完后再发表意见

在倾听结束之前，不要轻易发表自己的意见。由于你可能还没有完全理解下属的谈话，这种情况下妄下结论势必会影响下属的情绪，甚至会对你产生抱怨。管理者在发表自己的意见时，要非常的谨慎。特别是在涉及一些敏感的事件时，尤其要保持冷静，埋怨和牢骚决不能出自管理者之口。

对员工而言，你的言论代表着公司的观点，所以你必须对你说出的每一句话负责。

4. 做好记录，并且兑现承诺

在倾听员工的讲述时，最好做一些记录，一方面表明你对他谈话的重视，另一方面也可以记录一些重要的问题，以备遗忘。管理者对自己作出的承诺，最好也进行记录。作出的承诺，要及时进行兑现，如果暂时无法兑现，要向员工讲明无法兑现的原因，及替代的其他措施。

作为有效率的倾听者，通过对员工或者他（她）所说的内容表示感兴趣，不断地创建一种积极、双赢的过程。这种感情注入的倾听方式鼓励员工的诚实、相互尊重、理解和安全感，也鼓励员工建立自信，反过来促进他们的自尊。

专心。通过非语言行为，如眼睛接触、某个放松的姿势、某种友好的脸部表情和宜人的语调，你将建立一种积极的氛围。如果你表现得留意、专心和放松，对方会感到重用和更安全。

对对方的需要表示出兴趣。记住，第一层次上的倾听意味着你带着理解和相互尊重进行倾听。

以关心的态度倾听。像是一块共鸣板，让说话者能够试探你的意见和情感同时觉得你是以一种非裁决的、非评判的姿态出现的。不要马上就问许多问题。不停提问给人的印象往往是听者在受"炙烤"。

表现得像一面镜子。反馈你认为对方当时正在考虑的内容。总结说话者的内容以确认你完全理解了他所说的话。

避免先入为主。这发生在你以个人态度投入时。以个人态度投入一个问题时往往导致愤怒和受伤的情感，或者使你过早地下结论，显得武断。

使用口语。使用简单的语句，如"呃""噢""我明白""是的"，或者"有意思"等，来认同对方的陈述。通过说"说来听听""我们讨论讨论""我想听听你的想法"或者"我对你所说的很感兴趣"等，来鼓励说话者谈论更多内容。

倾听对管理者至关重要。当员工明白自己谈话的对象是一个倾听者而不是一个等着作出判断的管理者时，他们会不隐瞒地给出建议，分享情感。这样，管理者和员工之间能创造性地解决了问题，而不是互相推诿、指责。

## 要善于倾听下属的抱怨

俗话说：一人难满百人意。管理者在管理活动中，即使做得再好，也会有一些下属不满意，也往往被抱怨这、被埋怨那。面对下属的抱怨，管理者应该如何对待？这不仅是检验管理者处事能力和水平的一个重要方面，同时对进一步改进工作方法、充分调动下属的积极性、提高下属的工作效率，都具有十分重要的意义。

员工内心总有许多苦衷，希望能说给管理者听，但一般说来，大多员工的苦衷都憋在心中，忍久了，有时可能会忘掉这些不愉快，但也有时越积越多就可能会爆发出来。有很多人都曾这样说过："因为薪水过低，我不干了。"实际上，这仅仅是表面的借口而已，其实，他的心中已潜伏了许多的不满。面对下属的抱怨，管理者应做到以下几点。

1. 不要刻意压制，星星之火往往是在压抑中燎原的

从某种意义上说，管理者的一大职责就是听抱怨。一个出色的管理者应乐于接受下属的抱怨，如果你一时没有空听他们诉说，也应约一个时间让他们向你倾诉。不要立即反驳下属的怨言，应该让他们一吐为快。有时候，他们倾诉怨言似乎希望你采取什么行动，而实际上只要你能耐心地听他们倾诉，他们就心满意足了。如果抱怨的对象涉及其他下属或其他部门的员工，你必须也听一下另一方的意见，以求问题能得到公正的解决。

作为一名管理者，在与下属交往的过程中，要通过日常工作、学习和生活，观察下属的反应，注意下属的意见，重视下属的建议。下属有了抱怨，说明下属对某些事情不满意。管理者面对抱怨不能漠然置之，而要引起高度重视，把它当成工作中的重要事情，列入个人的工作日程，或派专人处理，或亲自进行处理。

一旦听到下属的抱怨，管理者应放下架子，立即深入到下属之中，谦虚真诚、满腔热情地与下属打成一片，认真地听取他们的意见，深入地进

行调查研究，搞清是哪些下属在抱怨、抱怨什么，主动把握有关方面的情况。

2. 当听到下属的抱怨后，管理者要反复地调查、认真地分析下属抱怨的原因

不满并不代表不忠。认为对某一事情表示不满的人就一定对企业、管理部门或对你极为愤恨，这是极其错误的想法。实际上，正是有了这种抱怨和不满，才使你意识到企业里可能还有其他人在默默忍受和抱怨者同样的问题。默默忍受可以使下属忍气吞声，表面虽然平静，却会严重影响工作效率。如果你能随时处理他们的不满，解决他们的问题，抱怨者就会对你心存感激，从而更努力地工作。

首先，你要从主观上找原因，看是不是因为自己工作的失误使下属的工作难以进行，从而才造成了下属的抱怨。例如，是不是因为自己的决策缺乏科学性，严重地脱离实际，损害了下属的利益；是不是因为自己考虑不周到，过分地追求个人绩效，给下属的工作造成了过大的压力；是不是因为自己不了解实际情况，片面地强调某一方面，忽视了另一方面，因而给下属的工作造成了很大的困难；是不是因为自己的言行有主观随意性，压制了下属的正确意见和建议；是不是因为自己缺乏科学的管理方法和艺术，有意无意地伤害了下属的感情和尊严。

其次，要从客观上找原因。下属对管理者的政策不理解、对管理者的意图不明确，这都容易让下属产生抱怨；还有一种情况，就是在管理者下达某个任务后，客观条件已经发生了变化，而作为管理者，却未能及时地对完成任务的时间和其他要求作出相应的改变，导致下属任务难以完成而

产生抱怨。

3. 在摸清原因以后，管理者必须采取切实可行的办法消除下属的抱怨

如果你打算解决问题，就应采取切实的行动。尽量事先考虑一下问题发生的原因，避免因操之过急而使矛盾激化。如果你不准备采取什么行动，也应告诉抱怨者其中的原因。至少，你要让他们感觉到你听见了他们的怨言，如果迟迟拖延不理，他会感到失望透顶。

如果是管理者自己的原因，就一定要严于律己、以诚相见，从检查自己入手，勇于进行自我批评，本着有错必纠的原则，立即纠正自己工作中的失误。切不可故弄玄虚，或把自己的失误和过错轻描淡写地一带而过，更不必强词夺理、坚持错误或者马马虎虎、敷衍了事。

如果是下属的原因，就一定要摆明事实、讲清道理，帮助下属准确地理解管理者的意图。如果是个别下属无事生非，没事找事，无端地怨天尤人，故意发牢骚、泄私愤、出怨气，那就一定要对其进行严肃的批评教育，促使他们明白纪律和制度的严肃性，从而消除侥幸和得寸进尺的心理，保持良好的心态和情绪，以积极的态度和崭新的精神面貌努力完成管理者交给的各项任务。

无论抱怨的原因是什么，作为管理者都应该妥当处理。现在大多数企业中都设立了让员工倾诉怨愤的渠道，通过提供正式的、文件完备的、高度公开化的手段使员工的抱怨得到消除。以下是美国联邦快递公司完善的抱怨处理程序。

美国联邦捷运公司是个劳动密集型企业，每天几十万名员工在世界各地投递包裹和邮件达到1300万件。作为大型的跨国公司，美国联邦捷运公

司将人视为最有价值的资产。在当今这个电子商务和网络迅猛发展的时代，人员的流动明显加快，然而在联邦快递工作 20 年以上的员工仍然随处可见。究其原因，是公司对员工的充分重视留住了员工的心。

"五人小组"是公司为了处理员工的抱怨而特地设立的，由 CEO、最高经营主管、最高人事主管以及其他两位资深副总裁组成，主要负责确认和解决员工的不满。几乎每个星期天的上午，他们都会聚在一起对归档的抱怨和申诉进行审查和裁决。此措施充分体现了公司对员工的重视，保持了员工对公司的高忠诚度。

例如，员工认为自己该晋升而未晋升等问题，都可以方便容易地拿到专用的抱怨表格，填写后可以交给特定人员。

联邦快递公司的抱怨处理程序包含以下几个步骤：

（1）管理人员审查。员工可以在有关问题出现 7 天之内提出书面抱怨；然后，该员工所在部门的经理、高级经理和执行董事会审核收到的所有信息；接着与抱怨人一起开电话会议或见面会谈；根据事实作出支持或推翻所抱怨事项的决定；将通知书送达本人与人事部门。完成这一步骤的时限是 10 天。

（2）向高级管理人员申诉。在收到第一步所作的决定 7 日内，当事人可以向一位高级管理人员——如副总裁递交书面申诉材料。然后，由副总裁或第一副总裁核定信息，必要时进行进一步调查，根据调查结果，作决定支持或修正、推翻所申诉的抱怨决定，将决定书面通知当事人，并将决定副本转交给该部门的人事部人员。时限也是 10 天。

（3）提交申诉主管审查。收到第二步决定 7 日内，当事人可以向员工关系部提交书面申诉材料。由该部进行调查，并准备好向"五人小组"提供书面材料。"五人小组"将审查所有信息，并决定是支持、修正还是推翻第二步决定。有时，五人小组会任命一个专门小组来进一步调查与处理该抱怨事项。一般在收到申诉材料的 10 天内。

管理者不应该把员工们的抱怨当做一桩小事，也不应该把其中的一些抱怨当做幼稚和愚蠢而忽视掉。这些抱怨对管理者来说或许不成问题，但对员工却甚为重要，因而不可掉以轻心，漠然视之。事实上，员工并不是只要心存抱怨就愤然提出辞职，只有在有抱怨而又无人听取，其问题无人解决的情况下才会失望，继而再生离走之心，这是一个非常简单的道理。

下属有了抱怨，如果不及时解决，就会严重地影响其工作的积极性和进取心，从而消极怠工，或与管理者产生对立情绪，对管理者的工作不支持，对管理者的指示不服从，甚至与管理者对着干。

下属有了抱怨，可能会出现一些偏激的言行。对此，管理者一定要沉着冷静，保持良好的心态，切不可暴跳如雷、怒气冲天。要知道，下属的抱怨，可能是来自他人的呼声，包含着许多正确的意见和建议。简单的批评、盲目的禁止，只能说明管理者缺乏民主作风，听不得不同的意见和建议。

# 第十一章　表现比表达更重要

## 改善自我的表达方式

有些人对于"说"的理解总是难以做到恰如其分。一种是有"说瘾"的人，以说为乐，不论大事小事，与自己有关无关，都会滔滔不绝，尽管挨了不少白眼，受了不少批评，依旧乐此不疲；另一种是"乌鸦嘴"，他们是天生的批评家，他们的眼里没有白米饭，只有沙子，即使是鸡蛋也非要挑出个骨头来，结果是人人反感；还有些人，专爱搬弄别人的是非，东家长，西家短，不免落个"长舌妇"的骂名。

实际上，"说"是用以表达自我、说服别人、沟通外界的一种手段。能说，不一定就要喋喋不休；会说，也绝对不是颠倒黑白，混淆是非。就像武侠小说中真正的高手没有兵刃，摘花飞叶都能伤人一样，真正会说的人很少长篇大论，常常是只言片语，就能起到振聋发聩的作用。

从本质上讲，我们应该把"说"看成一种生存的技能，一门艺术。既然是一种技能，一门艺术，就不是随便想怎么着就怎么着的，也不是谁都能很好地掌握的。好钢必须经过回炉才能炼成，要想说得好，说得妙，不经过头脑的加工是不行的。诸葛亮能够"舌战群儒",在众英才中"口若悬河",靠的不是伶牙俐齿,而是"思如泉涌"。因此,要学会"说",要随心所欲、得心应手地运用"说",你必须深入地进行思考,谋定而后动。

说话就好像是火把,当你在合适的时机以合适的方式说出合适内容的话时,你就像是在别人的屋里点燃了火把,让屋里充满光明,让别人觉得温暖;反之,你就像是在别人的屋里点燃了火,伤了别人,也害了自己。

好的开始是成功的一半,说话更是有过之而无不及。特别是在你推销自己的思想和观点的时候,能不能从一开始就抓住对方,从一开始就吸引住对方,对你"说"的成败具有直接的影响。

现代社会的工作和生活节奏很快,人们在时间的安排上虽然不能说是争分夺秒,但也是十分紧凑的,如果你总是慢慢悠悠或者说出来的东西总是不咸不淡,你肯定抓不住别人的注意力,引不起别人的兴趣,甚至有可能让别人反感,到那个时候,你说话被打断是幸运的,弄不好你会被粗暴地赶出人家的领地。做到从一开始就能吸引人,就要在说好第一句话上下工夫,要从赋予第一句话以足够的新意做起。

有一个人发表演说,目的是说服人们同意投资兴建水电站,开发一处大瀑布的水电资源。

照一般的做法,这样的演讲需要罗列出一长串的数字,以有力说明可能开发出的电能有多少,可是谁又能记住这些枯燥的数据呢?恐怕连听都让人乏味。

这个人采取了一个新办法，在演讲中这样来说明那些数字："先生们、女士们！你们知道吗，这里蕴藏着多么大的电力资源，如果我们不去开发，那就等于每天从这处瀑布上白白倾倒×××吨牛奶、×××桶石油，或者是×××箱鸡蛋和×××辆汽车……"

这样的介绍，给人们留下了深刻的印象，人们的眼前仿佛出现了牛奶、石油、鸡蛋、汽车等从瀑布上倒下来的景象。

这个人的老师是美国著名的演讲大师——戴尔·卡耐基。

我们周围的大多数人都是正常人，每天进行着正常的工作和生活，而且社会的规范又使得人们在大多数情况下不得不千篇一律，不得不墨守成规。在相似的环境中待久了，也就习惯了正常，漠然于惯例了。如果我们说出的第一句话没有什么新奇的东西，勾不起人们的好奇心，下面的话就很难取得满意的效果。美国新闻界曾经流传过这么一句名言："狗咬人不是新闻，人咬狗才是新闻。"这是个形象而生动的比喻，既然人们都习惯了"狗咬人"，那我们为什么不从"人咬狗"开始呢？

比如，有一位记者报道新闻时的第一句话是这样的："有个人因为创造出了什么都不是的东西而获得了50万美元的奖金。"这样的说法无异于是"人咬狗"，有些离奇，有些荒诞，也足以让人感到新奇。接着，他又在下面的报道中圆满地解释了这个"悬念"："这是位科学家，他因为在实验室中制造出了也许是世界上最纯净的真空，从而获得了这项奖励。"这样的报道方式不仅大众喜欢，老板也会对他刮目相看。

万事开头难。说第一句话难，学会说好第一句话更难。但你要不断地努力，因为，这很重要。

# 根据对象选择表达方式

当众讲话面对的听众身份复杂，这就要求讲话者有强烈的对象意识，以便区别对待。正所谓"射箭要看靶子，弹琴要看听众"。说话如果无的放矢，不看对象，肯定效果不好。

春秋时的邓析说："夫言之术，与智者言，依于博；与辩者言，依于要；与贵者言，依于势；与富者言，依于豪；与贫者言，依于利；与勇者言，依于敢；与愚者言，依于说。"邓析的话，归结到一点，就是要针对不同的对象和对象的不同情况，采取不同的对策，要话因人异，区别对待。

话因人异、区别对待，首先要区别听话人的文化知识水平。

一个人口普查员问一位乡村老太太："有配偶吗？"老人愣了半天，然后反问："什么配偶？"普查员只得换一种说法："有老伴吗？"老太太笑了，说："你说老伴不就得了，俺们哪懂你们文化人说的什么配偶呢？"

那么，在我们当众讲话时，由于通常面对的是广大听众，人员构成复杂，知识水平参差不齐，因此就要求我们更要考虑这一点，顾及听众中大多数人的最低文化水平，尽量用简朴的语言说明一个复杂的道理，例如一位科学家为了排除群众中比较普遍存在的恐核心理作了如下说明。

"核电站在建立的过程中，已采取了一系列严密的防范措施，因此对周围环境的放射性影响微乎其微，核电站附近居民每年所受的放射剂量只有 0.3 毫雷姆，而每天吸 10 支烟就有 50～100 毫雷姆；看一次彩色电视有 1 毫雷姆，即使核电站发展史上最严重的美国三里岛核电站事故，电站周围的居民受到的放射剂量也只有 15 毫雷姆，还不如戴一年夜光表所受到的剂量大，煤电站除排放有毒气体和烟灰外，也有放射污染。据对包括核能、煤炭、石油、水力、风力、太阳能等在内的 11 种能源的危险性进行的系统比较，核能是除天然气以外最安全的一种能源……"

在这个说明中，核科学家将晦涩的核专业知识与大众耳熟能详的日常知识相比较，即使缺乏基本科学知识的人，也会对核电站的安全深信不疑。

话因人异，区别对待，其次是要区别听话人的思想状况和情感需要。

19 世纪，维也纳上层社会的妇女中，时兴一种筒高、沿儿宽的帽子，而且在帽檐上装饰着五颜六色的翎羽。女士们一进入剧场，观众就只能看到她们戴的帽子，而看不见戏台，剧场经理在无可奈何的情况下，只好一再请求女士们脱下帽子，可谁也不予理睬。这时，经理灵机一动，根据女士们爱美、爱年轻的心理状况和志趣特点说：

"年纪老一点的女士可以照旧不脱帽。"

话一出口，女士们竟纷纷脱下了帽子。因为她们面临着"美女"与"老妇"的选择。维也纳的上层妇女，当然谁也不愿意做老妇，她们戴那种筒高、檐儿宽的帽子，不也是为了追求美吗？

洞察、预测对方的心理，只是为最佳说话形式的选择做准备，而绝不是为了将他人的情感秘密一一暴露，因此言语交际的策略应当是察而不扰。可见掌握了人们内心变化规律，并对症下药，就能切中要害，一语中的，产生良好的讲话效果。

人际交往中，每个人都有自己的个性、自己的情感和不同的成长环境，所以在人际交往时他们所体现的方式自然也就不同。因此，面对不同的交际对手，应该使用不同的应对方法，我们将这种方法称之为看客上菜。

下面请看兰·勒贝茨先生总结出的九种策略：

（1）对付凶悍派，最有效的方式是引起他们的注意，必须把他们吓醒，让他们知道你忍耐的底线在哪里。当然，我们的目的不是惩罚，而是要让他们知道你忍耐的极限。

（2）指出对方行为的不当之处，并且建议双方应进行建设性的谈话，在这种情况下对方也许会收敛火气。这时最重要的是提出进一步谈话的方向，给对方一个可以继续交涉下去的台阶下。

（3）对付逃避派或龟缩派，要先平定他们的情绪，了解他们恐惧的原因，然后建议更换时间或地点进行商谈，适时说出他们真正的恐惧所在，让他们觉得你了解他们而产生安全感。这种方法对付凶悍派也很有效，只要他们产生了安全感，自然就不会失去控制。

（4）坚持一切按规矩办事。凶悍派、高姿态派、两极派都会强迫你接受他们的条件，你应拒绝逼迫，并坚持公平的待遇。

（5）在人际交往时，当对方采取极端手段威胁你时，可以请他解释为什么要采取这样极端的手段，并且可以说："我需要更好地了解你为什么会这样想、这样做，以便于我能接受你的要求。"

（6）沉默是金。这是最有力的策略之一，尤其是对付两极派，不妨可这样说："我想现在不适合谈话，我们都需要冷静一下。"

（7）改变话题。当对方提出极端要求时，最好假装没听到或听不懂他的要求，然后将话锋转往别处。

（8）不要过分防御，否则就等于落入对方要你认错的圈套。在尽量听完批评的情况下，再将话题转到"那我们针对你的批评如何改进呢"这一方面。

（9）避免站在自己的立场上辩解，应多问问题。只有问问题才能避免对方进一步的攻击。尽量问"什么"，而避免问"为什么"。问"什么"时，答案多半是事实，问"为什么"时，答案多半是意见，就容易有情绪。

## 理解是表达的前提

《周易·家人》警示后来人说："君子以言有物，而行有恒。"人们在日常生活中都会遇到这样的情况，不管是听别人做讲座，领导做报告，还是和周围的人聊天，都会碰到言之无物、空洞乏味的时候，上面讲得很热闹，下面听众却觉得困顿乏味，嫌内容假大空，虚无缥缈，不知所云。听众最怕听到的演讲就是言之无物，抓不到重点的。

为什么会出现言之无物的情况呢？究其根本问题在于谈话者、演讲者没有很好地理解自己的演讲内容。自己都不明白为什么要说话，怎么能期待给听众一个内容充实、言之有物的演讲呢？要解决这个问题其实并不困难，简单地说就是要很充分地、精心地准备自己的演讲内容，在演讲之前比较透彻地理解问题，才能在演讲时做到言之有物，有的放矢。

有一次，美国一个内阁成员对伍修罗·威尔逊总统简短的演讲表示赞赏，并问他需要花多长时间去准备。威尔逊告诉他说："这要根据具体情况而定，假如我讲10分钟的话，那么我要准备一个星期。"

从这个实例上我们可以看到，在重要场合，讲话前的事先准备是何等重要，要避免重要场合说话时出丑，就要事前进行充分准备。

我们都有这样的经验：年龄小的时候，总有父母、师长对我们的教导，长大一些又有朋友之间的交流，这都是谈心。谈心就是打开双方的心扉，通过良好的沟通促进彼此的理解，让事情朝好的方向发展。那么是不是所有的人都会谈心呢？不见得。你也许可以高谈阔论两三个小时而面不改色，却不一定会轻声细语地谈心，而这种方法有时候更适合解决问题。

下面我们就讨论一些谈心的原则。首先，融洽关系，制造谈话的气氛。如通过说句笑话、讲点让人高兴的事情等制造一种和谐的气氛，拉近双方的感情，这样的谈话效果就会好得多，哪怕煽情些也不伤大雅。其次，要注意谈话的态度，要亲切自然，消除对方的戒心。如果对方的对立情绪较大，可采取冷处理的方法，暂时延缓谈话，或者曲线交谈，从另外的事入手。在亲切之余，要注意诚恳。再次，谈话要有的放矢，目标明确，不能让对方感到无所适从。最后，要注意选择方法，增强谈话的效果。一位哲学家曾说："世界上没有完全相同的两片树叶。"根据谈话对象的不同采取不同的方法，可以直接奔向主题，也可以迂回进行。

这些原则和方法的核心在于清楚地认识谈话对象，从谈话对象的角度去决定沟通的方式和内容，所谓谈心要抓心。

此外，说话还要动听入耳。因为，交流总是双向的，不论是在公共场合发表演讲，还是和别人随意交谈，除了自己（说话人）以外，还有对象（听话人）。为此，说话人不能想说什么就说什么，而要看对象，从对象的不同特点出发，说不同的话，从而创造一种和谐、融洽的气氛，达到说话的目的。

朱元璋做了皇帝之后，他从前的一位朋友从乡下赶来找他："我主万岁！当年微臣随驾扫荡庐州府，打破罐州城，汤元帅在逃，拿住豆将军，红孩儿当关，多亏菜将军。"朱元璋听他说得好听，心里很高兴。回想起来，也隐约记得他的话里像是包含了一些从前的事情，所以，就立刻封他做了大官。这个消息让另外一个穷朋友听见了，就也去了。和朱元璋一见面，他就直通通地说："我主万岁！还记得吗？从前，你我都替人家看牛。有一天，我们在芦花荡里，把偷来的豆子放在瓦罐里煮着。还没等煮熟，大家就抢着吃，把罐子都打破了，撒下一地的豆子，汤都泼在泥地里。你只顾从地上满把地抓豆子吃，却不小心连红草叶子也送进嘴里。叶子梗在喉咙口，苦得你哭笑不得。还是我出的主意，叫你用青菜叶子放在嘴里一口吞下去，才把红草叶子带下肚子里去了……"朱元璋嫌他太不会顾全体面，等不得听完就连声大叫："推出去斩了！推出去斩了！"

两个人说的是同一件事，可是因为说话的方式不同，就得到了截然不同的待遇。人们在社交生活的实践中，道理也是相同的。如何取悦你的谈话对象是很重要的原则，取悦你的谈话对象并不意味着一味趋附对方，而只是希望能够更好地达到交流的目的。

## 改掉表达的缺陷

如果一个人的脸上长有疤痕，可以从镜中窥见，可以使用化妆品或药品加以治疗弥补。同样，谈吐方面的缺陷也可以改变，只要治疗之前，自己能够清醒地认识到自己的这些缺陷。如果不清楚自己说话的缺陷，也可以试着拿一面镜子对照自己说话的姿态：是否手势过多，是否翘起嘴角，是否表情难看，是否过于冷漠、紧张、僵硬，是否忽快忽慢……

以下几点是我们说话中常有的缺陷，我们可以对照检查，并加以改正。

1. 说话用鼻音

用鼻音说话是一种常见且影响极大的缺点，当你使用鼻腔说话时，就会发出鼻音。如果你用大拇指和食指捏住鼻子，你所发出的声音就是一种鼻音。如果你说话时嘴巴张得不够，声音也会从鼻腔发出。在电影里，鼻音是一种表演技巧，如果演员扮演的是一种喜欢抱怨、脾气不好的角色，他们往往爱用鼻音说话。使用鼻音说话对于女人的伤害比对男人更大，你不可能见到一位不断发出鼻音，却显得迷人的女子。如果你期望自己在他人面前具有极大的说服力，或者令人心荡神移，那么你最好不要使用鼻音，而应使用胸腔发音。正确的训练方法是，平时说话时，上下齿之间最好保持半寸的距离。

2. 声音过尖

一个人受到惊吓或大发脾气时，往往会提高嗓门，发出刺耳的尖叫。一般这种情况以女性居多，要多加注意。因为尖锐的声音比沉重的鼻音更加难听。你可以用镜子检查自己有无这一缺点：脖子是否感到紧张？血管和肌肉是否像绳索一样凸出？下颌附近的肌肉是否看起来明显紧张？如果出现上述情形，你可能会发出刺耳的尖声。这时你就要当机立断，尽快让自己松弛下来，同时压低自己的嗓门。

### 3. 说话忽快忽慢

一般来讲，说话的速度很难掌握，即使是一些职业演说家或政治家，有时也不容易把握好自己说话的速度。说话太快，别人就听不懂你在说些什么，而且听得喘不过气来。说话太慢，人们就会根本不听你说，因为他们缺乏耐心。据专家研究，适当的说话速度为每分钟120~160个字，当我们朗读时，其速度要比说话快。而且说话的速度不宜固定，你的思想、情绪和说话的内容会影响你表达的快慢。说话中把握适度的停顿和速度变化，会给你的讲话增添丰富的效果。

为了测量自己说话的速度，你可以按照正常说话的速度念上一段演讲词，然后用秒表测出自己朗读的时间。如果你说话的速度每分钟不到上面那个标准，就可以试着调整说话速度，看是否会收到良好的效果。

### 4. 口头禅过多

日常生活中，人们常听到这样的口头禅，如"那个""你知道不""是不是""对不对""嗯"等。如果一个人在说话中反复不断地使用这些词语，一定会损害自己说话的形象。口头禅的种类繁多，即使是一些伟大的政治家在电视访谈中也会出现这种毛病。

当然，谈话中"啊""呃"等声音过多，也是一种口头禅的表现，著名演说家奥利佛·霍姆斯说："切勿在谈话中散布那些可怕的'呃'音。"如果你有录音机，不妨将自己打电话时的声音录下来，听听自己是否有这一毛病。一旦弄清了自己的毛病，那么，以后在与人讲话的过程中就要时时提醒自己注意这一点。

下面介绍几种克服口头禅的方法以供参考。

（1）默讲。出现口头禅的原因之一，是对所讲的内容不熟悉，讲了上句，忘了下句，此时就要用口头禅来获得一点思考的时间，以便想起下句话。事前默讲几遍，对内容、措辞十分熟悉，正式讲话时就能减少或不出现口头禅了。

（2）朗读。克服口头禅的朗读法，就是将自己的口语，从不清楚变为清楚、流利的语言。如果内部语言流畅贯通，就不会出现口头禅。出声朗读老舍、叶圣陶等语言大师的作品，有助于改善自己不规范的语言。

（3）耳听。广播员、演员的语言，一般都较为规范，没有口头禅。平时听广播、看电影时，可边听边轻声跟着说。久而久之，你会惊喜地发现，自己的口语精练了，口头禅少了，连普通话水平也提高了。

（4）慢语。在一段时间内，尽量讲慢些，养成从容不迫地思维和说话的习惯，一句句想，一句句说，对克服口头禅有很好的效果。

5. 讲粗话

讲粗话是说话的恶习。俗话说，习惯成自然。随便什么事情，只要成了习惯，就会自然地发生。讲粗话也是如此，一个人一旦养成了讲粗话的习惯，往往是出口不雅，自己还意识不到。讲粗话是一种坏习惯，是极不文明的表现，但要克服这种习惯也并不是一件易事。比较有效的办法是，找出自己出现频率最高的粗话，集中力量首先改掉它。首先是改变讲话频率，每句话末停顿一下；其次讲话前提醒自己，改变原有的条件反射。出现频率最高的粗话改掉了，其他粗话的克服也就不难了。

请别人督促也很重要。由于有时自己讲了粗话还不知道，请别人督促就能起到提醒、检查的作用。督促还有另一层心理意义，那就是造成一种不利于原有条件反射自然发生的外界环境，以促进旧习惯的终止。

6. 结巴

结巴是口吃的通称。结巴对于极个别的人来说是一种习惯性的语言缺陷，是一种病态反应，他们也被称为口吃患者。口吃就是说话时字音重复或词句中断的现象。要想治愈说话结巴的毛病，除药物治疗外，更重要的是去除心理障碍。日本前首相田中角荣少年时代就是口吃患者，为了克服这个缺陷，他常常朗诵课文，为了发音准确，就对着镜子纠正嘴形，后来他成了一位著名的政治家、演说家。有口吃的人不妨试一试这个方法，只要坚持不懈并保持良好的心态，相信一定会产生好的效果。

7. 毛手毛脚

毛手毛脚，意即说话时动作过于频繁。可以检查一下自己，是否在说话时不断出现以下动作：坐立不安、蹙眉、扬眉、歪嘴、拉耳朵、摸下巴、搔头皮、转动铅笔、拉领带、弄指头、摇腿等。这都是一些影响你说话效果的不良因素。当你说话时，动作过于频繁，听者就会被你的这些动作所吸引，根本不可能认真听你讲话。

## 学会关注听者的表情

你必须明白，在绝大多数情况下，话是说给别人听的。说不说由你做主，有没有用由别人决定。没用的话没必要说，说了也白说，很简单，那是废话。所以，要让说出来的东西有用，至少不至于成为废话，你需要学会关注听者的表情。

加德纳博士在他的"多元智能"理论中，把察觉并区分他人的情绪、意向、动机及感觉的能力（包括对他人脸部表情、声音、动作的敏感性的分析，辨别不同人际关系的暗示以及对这些暗示做出适当反应的能力）称作为人际智能。缺乏人际智能的人，很难与他人进行有效的沟通，也很难在社会实践中取得成功。沟通学者的研究发现，人们在沟通时，有7%的效果来自说话的内容，38%取决于声音（音量、音调、韵脚等），而有55%取决于肢体语言（面部表情、身体姿势等）。因而，在解读他人心意时，重要的不只是听他说了些什么，更要紧的是看他怎么说。可见，由于人们之间超过90%以上的交流都是通过非语言方式完成的，所以说话不仅要用嘴巴，更要用眼睛。

关注听者的表情，也是要有重点的，除了对方的喜怒哀乐外，对眼睛的观察最为重要。从医学上来看，眼睛在人的五种感觉器官中是最敏锐的，大概占感觉领域的70%以上，因此，被称为五官之王。孟子云："存之人者，莫良于眸子，眸不能掩其恶。胸中正，则眸子瞭，胸中不正，则眸子眊。"从眼睛里流露出真心是理所当然的，眼睛是心灵之窗。

那么，如何通过观察洞明对方的心迹？有如下方法值得借鉴：

你见他眼神沉静，便可明白他对于你着急的问题早已成竹在胸，稳操胜算。只要向他请示办法，表示焦虑，如果他不肯明白说，这是因为事关机密，不必要多问，只需静待他的发落便是。

如果你见他眼神散乱，便可明白他也是毫无办法，徒然着急是无用的，向他请示，也是无用的。你得平心静气，另想应付办法，不必再多问，多问只会增加他六神无主的程度，这时是你显示本能的机会，快快自己去想办法吧！

如果你见他眼神横射，仿佛有刺，便可明白他异常冷淡，如有请求，暂且不必向他陈说，应该从速借机退出，即使多逗留一会儿也是不适的，退而研究他对你冷淡的原因，再谋求恢复感情的途径。

你见他眼神呆滞，嘴唇泛白，便可明白他对于当前的问题惶恐万状，尽管口中说不要紧，他虽未绝望，也的确还在想办法，但却一点也想不出所以然来。你不必再多问，应该退而考虑应付办法，如果你已有办法，应该向他提出，并表示有几成把握。

你见他眼神似在发火，便可明白他此刻是怒火中烧，意气极盛，如果不打算与他决裂，应该表示可以妥协，速谋转机。否则，再逼紧一步，势必引起正面的剧烈冲突了。

你见他眼神恬静，面有笑意，你可明白他对于某事非常满意。你要讨他的欢喜，不妨多说几句恭维话；你要有所求，这也是个好机会，相信一定比平时更容易满足你的希望。

你见他眼神四射，神不守舍，便可明白他对于你的话已经感到厌倦，再说下去必无效果，你应该赶紧告一段落，或乘机告退，或者寻找新话题，谈谈他愿意听的事。

你见他的眼神凝定，便可明白他认为你的话有听的必要，应该照你预定的计划，婉转陈说，只要你的见解不差，你的办法可行，他必然是乐于接受的。

要是你见他眼神下垂，连头都向下倾了，便可明白他是心有重忧，万分苦痛。你不要向他说得意事，那反而会加重他的苦痛；你也不要向他说苦痛事，因为同病相怜越发难忍；你最好说些安慰的话，并且从速告退，多说也是无趣的。

如果他的眼神上扬，便可明白他是不屑听你的话，无论你的理由如何充分，你的说法如何巧妙，还是不会有高明的结果，不如马上停止，退而寻求其他接近之道。

## 聆听别人更要理解别人

很多人都有过这样的感受，在和别人说话时，会感到生气，或者感到空虚。当自己的心情或说话的内容无法取得对方的理解时，一定会有那样的感觉，但除此之外，如果听的一方心不在焉，或者装出一副认真在听的样子，这种情况更让人生气。对于人类来说，最欺负人的行为就是无视他的存在。

当一个母亲拼命地和丈夫说关于子女入学考试的问题时，如果丈夫似听非听，那她一定会非常生气；或者丈夫只说了像"这次的入学考试太难了"之类的评论性的话，妻子就会觉得"你到底在说谁的入学考试啊"。因为同样对于子女的入学考试，父亲和母亲的关心程度有所不同。如果听的一方关心程度不够，那么说的一方说下去的欲望也会降低。

如果你无法和说话的对方产生同感，就会变得像评论家一样。评论家只发表合乎道理的评论，即使当着对方的面也只说正确的理论，但有时候正确答案不止一个。有时候做某件事由于错过了时机导致失败，于是会被别人斥责为什么不早点采取行动。而反过来，如果急于求成导致失败，别人又会说你为什么不考虑充分。他们总是觉得自己是对的，自己感觉不到痛苦，却要把痛苦强加在别人身上。因此，只会说正确理论，你就变成了评论家或者旁观者。

就因为这个原因，那些只会说正确理论的人总会让人产生不信赖感。为什么呢？就因为他们总是不停地说着道理，而自己什么也不会做。一旦轮到自己做了，就像刚才说的那样，即使按理论去做还是会失败，而失败了也会被别人指责的，什么都不做，是避免失败的最好方法。

不管对方说什么，其中一定有他的道理。能够很好地聆听别人、理解别人的人，不仅仅关注对的事，还能理解别人的弱点和不对的一面。也就是说他们和评论家、专说道理的人不同，他们能够接纳和理解对方的弱点以及错误的一面。正如人类总会有弱点一样，要触及人类内心的深处，就必然会触及人类的阴暗面。

因此，一个善于倾听的人，首先就不能有像评论家一样的态度。而且听的一方必须面对这样的情况，就是有时候你必须要听。任何一个组织或者一种体制总会有这样那样的缺点。如果总是把不好的事推到其他人身上，这个组织很快就会破裂。

关心和参与对方的谈话还意味着要从对方的角度去理解。我们来看这样一个情节：

王亮下班回到家，他的太太李梅就开始告诉他隔壁的太太是怎么样的不像话，怎么样的放肆。

"今天她又把自己家的垃圾扫到我们家这里来了，还偷偷地翻我们家倒了什么垃圾，还和附近的人说我的坏话……"

这时，隔壁的太太来了。她对李梅说："明天一起去百货商店看看减价商品吧？"

此时王亮想，刚才李梅说了她这么多坏话，所以当然不会和她一起去的。可没想到李梅竟然一脸高兴地答应说："好的，我们一起去。"

然后等隔壁的太太一走，李梅马上又开始不停地抱怨。

王亮开始纳闷："明明那么讨厌她，为什么还这么高兴地和她一起去百货商店呢？"

李梅马上反驳道："虽然我讨厌她，可如果我拒绝了她，又不知道会被她说些什么了。别忘了这是交际应酬。"

王亮一时冲动，便说："既然如此，就不要那样说别人的坏话。"

这时李梅开始伤心、委屈地哭诉："不正是因为你是我丈夫我才说的吗？如果谁也不能听我说，憋在心里多难受啊！"

王亮的困惑在于忘记了一点，即他没有站在李梅的角度去理解，其实王亮自己也有过这样的情况，一个令人讨厌的上司打电话来约他下星期天一起打球，难道王亮会不高兴地答应吗？

来看另一个情节：

妻子："为什么每天都出去喝酒，而且总是喝到不省人事？"

丈夫："这是工作，我也没有办法啊。"

妻子："反正你什么都说是工作。打高尔夫球也是工作，打麻将也是工作，喝酒又是工作。你的工作真不错啊！"

丈夫："跟你说什么你都不懂，男人有男人的交际应酬。好了，好了，快睡吧！"就因为不了解对方的心情，所以最后往往导致夫妻关系恶化。

如果你和太太互相交换一下立场，就能体会对方的心情。如果客观地来看这段对话。可以说两个人都有自己的理由。作为一个妻子当然希望丈夫能够体谅自己，所以丈夫很有必要去理解妻子，而反过来，丈夫在外面喝酒、打麻将、打高尔夫球，有时也确实是工作所必需的，妻子如能体谅到丈夫的难处，那么她的态度也自然会发生改变。

要做到以友善的心情理解对方的心情。为了不失去你的家人、朋友等对自己非常重要的人，就首先要做到经常把理解对方放在心上。